世界伟人传记

甘 地

Gandhi

朱秀芳 编写

陕西出版传媒集团
陕西人民出版社

超越四分之一世纪的期许

——“世界伟人传记”丛书序

早于四分之一世纪前的一个黄昏，有一群中年人和青年人会聚在东方出版社已故创办人游弥坚先生的家里，听取游先生语重心长的谈话。当时台湾的经济情况远不如今日，但已然有萌芽起飞的征兆。社会民生的物质生活，显见较有长足的进展；但是精神生活的提升，则颇嫌步调缓慢。以出版界而言，纸张印刷既不能与今日比，而出版社也寥寥可数，成人的刊物虽然有一些，但少年读物则十分贫乏。游弥坚先生有鉴于此，想要为少年男女编纂一些健康有益的优良读物。他的构想分两方面：一方面要从世界文学名著之中整理出一套可供少年阅读的《世界少年文学选集》，同时也配合出版适宜少年阅读的“世界伟人传记”。那个黄昏会聚在游先生家里的中年人和青年人，便是一群从台湾各地挑选出来担任执笔者。当时还在台大中文研究所读书的我，便是其中之一。虽然，那个黄昏距离现在已超过四分之一世纪的遥远，我仍然不能忘记游先生对于少年读者的关怀，也还记得大家曾经多么热烈地交换意见和互相鼓励的情况！

对于当时的中小学生而言，课外的娱乐活动种类极少，而可供他们课外阅读的书籍更是几乎没有。游先生的这两大套书的出版构想，可说是跨时代的高瞻远瞩。我们讨论到如何分配工作，也商量怎样在分工合作的情况之下，尽量达成异中有同的终极目标。

精选出来的二十多位世界伟人，完全是基于客观公正的立场，所以兼容古今中外，并没有特别强调民族本位的色彩，从教育、文学、科学、政治及艺术等各部门选出最受世人崇仰敬爱的伟大人物。每一位人物的生长背景各不相同，而他们在一生之中所表现的奋斗过程与不折不挠的精神，则是异中有同的。但是为了顾及少年读者阅读的兴趣，这些传记都避免正面冗长的说教性叙述，而多从日常生活富于启发性的小故事来传达伟人所以成功的道理；尤其是着重在他们年少时代的生活特征，以诱发少年读者们的共鸣，希望我们的少男少女在课外阅读这些趣味性浓厚而立意严肃的世界伟人传记时，能够于不知不觉之中领悟到做人处世的高尚理想。

这一套书中随处出现的精美生动的插图，乃是以图辅文，借以达到图文并茂的目的。每一个伟人传记的文后，都附有简单的年谱，让读者能够从中再度温习伟人的重要事迹。

自有“世界伟人传记”丛书的编纂构想以来，已经历了四分之一世纪的时间。这期间无论社会或个人都发生过种种变化，当初主其事的游弥坚先生已经作古，当初执笔撰写参与其事的人，也多四处星散，但是这一套书却一直流传下来，成为最受少年男女欢迎的课外读物之一。这么多年来，许多年少时读过这套书的人，也已经长大成人各奔前程。想到这些，我如今执笔为这一套丛书写序时，心中充满了感慨与感动。现在，我衷心希望无论过去与未来阅读这套书的人，都能深刻铭记编撰人的苦心，从伟人们的传记中汲取崇高的人生哲理。

林文月

甘地·序言

在帝国统治下的殖民地人民，没有自尊可言，也没有生命的保障，他们像奴隶一样，任由统治者欺凌、蹂躏。

甘地从英国留学回来后，眼看着自己的同胞受尽英国人的欺压，心里很难过。他认为一个国家要是不独立，没有主权，人民永远受人压迫，叫人看不起，所以他立志为印度争取独立。

甘地不但是一位伟大的革命家，也是一个虔诚的印度教信徒，具有悲天悯人的胸怀，因此他提倡“不合作运动”，主张用平和的手段争取独立。他鼓励同胞自己制盐，自己纺纱织布，不买英国人的商品，也不上英国人办的学校，对英国人做消极的抵抗，以打击英国的经济。在甘地不懈奋斗下，印度终于在公元1947年获得独立，实现了甘地不流血的革命理想。

甘地不但创下伟大的功业，更有着“伟大的灵魂”，在他争取印度独立的过程中，英国人曾经面临危难，甘地不仅没有落井下石，威胁英国，反而自组义勇救护队，帮助英国人。他这种磊落的胸襟、高远的见识，赢得世人的推崇，大家都尊称他为“圣雄甘地”。

编　者

目录

少年时期

留英时期

南非时期

提倡不合作运动

争取印度独立

少年时期

SHAONIAN SHIQI

甘地又被噩梦惊醒，因为他老是梦见一只羊，在他的肚子里哀号！

诚实的学生

在印度的拉其可得郊区，有一所中学，整个校园正弥漫着一股紧张的气氛。

造成全校紧张的主要原因，是教育部派来一位名叫贾乐思的督学，到学校来视察。贾乐思是一位英国籍的督学，非常严格，他不仅来看学校的环境，最重要的，是要测验学生的英文成绩。

因为印度已经被英国统治很久了，英国人要确定在他们统治之下的印度儿童、青少年，是否有被教师灌输了“反英思想”，所以英国的督学就经常到各学校视察，并且举行考试，难怪学校中的每个人都显得很紧张。

贾乐思督学一到学校，就宣布：“我们今天要举行英文考试！”然后要学生拿出纸和笔来。

每个学生都快速地把纸、笔准备好，连老师也心惊胆战的。

贾乐思督学念出五个单词，要全班学生拼写出来，虽然只有五个词，可是大家还是很紧张。

老师在课堂上走来走去，快速浏览着学生的答案，看到有的学生不会作答，或答错了，立刻暗示他，偷看别人的，或是干脆告诉学生答案，因为这种考试成绩，关系到全校的荣誉，以及学校在英国人心目中的地位，因此，老师也帮着学生作弊。

突然，老师停在一个少年的后面，原来这个学生把“水壶”这个词的字母拼错了！老师用鞋尖踢这个少年的椅子，提醒他注意，要他看旁边同学写的答案。老师一再暗示，但是这个少年并没有探头去看别人的答案。

考试结果出来了，英籍的贾乐思督学看完考试成绩以后，就离开学校了。

在课堂上，老师生气地把这个“不听话”的少年叫起来，说：“甘地！只有你一个人没有得满分，如果我们班上都得满分，一定会受到督学的夸奖。”

原来这个少年，就是后来的伟大的印度“圣雄”甘地！他是一个诚实的学生，绝不愿意以投机取巧的方式得到好成绩。尽管得到老师的暗示、默许，但是他觉得作弊是可耻的行为，所以他宁愿写错答案，也不愿偷看别人的考卷！

SUN
MOON

甘地的家世

印度自古以来就沿袭着一种种姓制度，而且世世代代相传下来，不能更改。

这种制度是把全国人民分为四个等级，等级最高的是“婆罗门”，全都是信仰印度教的和尚；第二等级是“刹帝利”，包括贵族和武士；第三等级是“吠舍”，指的是商人和农人；最低下的等级是“首陀罗”，也就是奴隶。

根据这四类种姓制度，婴儿一出生，就注定他是哪个等级的人，不同等级的人不能结婚，甚至连交往都被禁止，这是一种不公平的现象。

甘地家族属于第三等级的吠舍，因为他的祖先都是卖杂货的零售商，经营香料和干菜类。但是到了甘地的曾祖父时，就有了改变。

甘地的曾祖父凭着他的才干，在印度最西方的卡提瓦半岛上的波耳班达王国当首相。波耳班达王国和其他各地的王国一样，面积不大，统治的人民也不算多，但是却很有权威。后来，甘地的祖父受聘担任波耳班达王国的首相。有一次，甘地的祖父因为某件事受到波耳班达国王的责备，所以就逃到邻近的鸠拿格多王国去。当他谒见国王时，用左手向国王行礼说："如果您能救我，我将感激不尽！"

鸠拿格多王很生气地说："你为什么用左手向我行礼？"

原来在印度人的观念里，左手是污秽的，以左手敬礼是非常不礼貌的行为，很可能会被判死刑。

甘地的祖父非常镇定，他回答说："我知道用左手行礼是失礼的。但是因为我曾用右手向波耳班达王效忠，今天我虽然被波耳班达王追捕，可是我仍旧是波耳班达王的子民呀！"他又说："如果我用右手向您敬礼，那不是更没礼貌吗？"

鸠拿格多国王听了非常感动，不但原谅他的过失，而且更加敬重他。不久这件事传到波耳班达王的耳中，波耳班达王心里很懊悔，便立刻派人把甘地的祖父迎接回国继续担任首相。

甘地的祖父有七个儿子，其中排行第五和第六的两个儿子，都先后承袭了波耳班达首相的官位。而排行第五的卡兰成德·甘地，就是甘地的父亲。

甘地的父亲娶了四个妻子，第一任和第二任妻子共为他生了两个女儿，第三任妻子没有生育，第四任妻子叫作菩都丽曼，则生了一女三子。最小的儿子名叫莫汉达斯·甘地,就是本书的主角。

甘地的父亲个性耿直、勇敢。他的人格无论在社会上或家族之中，都受到很高的评价，很多人都敬佩他。

当时统治印度的英国人，手中都握有生杀大权，对于自己看不惯或得罪他们的人，丝毫不能原谅。

有一次，有个英国官员在公开场所批评波耳班达国王。他说波耳班达王是什么东西！懦弱无能，简直是个废物！

所有在会场的印度大臣都装作没听见，好像什么事也不曾发生。唯有甘地的父亲无法忍受，他愤怒地抗议说：“虽然你是英国人,但是你侮辱了我的国王,我就无法保持沉默！”又严正地说：“你最好收回你的失言，并向国王赔罪！”

那位英国官员根本不理会，反而大声地斥责说：“你这是什么态度，敢这样对我说话，我要你立刻道歉！”

甘地的父亲满脸愤怒，一言不发。英国官员觉得很没面子，就下令把甘地的父亲绑在大树上。

甘地的父亲没有抵抗，也不为自己辩解，只是默默地承受着这种侮辱。

这时候，当地的居民，一听说首相竟然遭到英国官员的侮辱，还被绑在树干上，就全部聚集起来，要求英国官员释放甘地的父亲。

英国官员看到这个情况，知道众怒难犯，就赶紧把甘地的父亲释放了。

由于甘地的父亲是个正直而忠爱国家的人，他把所有的精神都用在处理国家大事上，从来就没想到要发财致富，所以没有财产可以留给子女。

甘地的父亲没有念过多少书，对历史、地理一窍不通，但是他很勤快，从实际生活中学习很多道理，即使面对艰难无比的问题，他也能迎刃而解。他带领着数百名部属，有板有眼地服务社会，为所有的人民谋福利。

甘地的母亲非常慈祥，也很疼爱她的儿女。她是一位虔诚的印度教徒，每天都要到寺中参拜、祈祷，即使生病了也不曾中断。这和甘地的父亲不一样，他只是偶尔进入寺中参拜一番，算不上很狂热。

在印度，每当雨季来临时，教徒都要禁食，以祈祷阳光的出现。甘地的母亲当然也不例外。

可是印度的气候，实在太令人着急了，因为在旱季时，天上看不见一片云，更不会下一滴雨。可是一旦进入雨季，整个天空就被浓浓的乌云笼罩着，每天下着倾盆大雨。

有一年的雨季，甘地的母亲对神发下重誓说："如果太阳不出来，我就不吃饭！"

甘地和他的兄弟都为母亲的这个重誓担心。甘地心里想："阳光不知道什么时候会出现，母亲发这样的誓，她支撑得住吗？"

每天，甘地也和其他人一样，盼望太阳快快出现，可是两天、三天都过去了，天空依旧布满沉甸甸的乌云，根本没有阳光出现的迹象。而甘地的母亲真的信守诺言，除了水之外，什么都不吃。

到了第四天，好不容易出现了一丝阳光，甘地兴奋得大叫，飞一般地跑进屋里，冲到母亲旁边，大声说："妈妈！太阳出来了，您可以吃饭啦！"

可是，甘地的母亲坚持要亲自确定太阳是否真的出来，才肯吃饭。所以她就走到外面抬头看看天空。不巧的是，又飘来云层把阳光遮住了。

甘地非常懊恼，也很惋惜，他埋怨乌云又遮住阳光，并且保证说："妈妈，刚才天空真的出现了阳光。"

甘地的母亲说虽然连着三天没吃饭了，却一点也不沮丧，反而安慰甘地说："孩子，没关系，这是神的旨意，神叫我今天不吃饭，我们是不应该抱怨的！"

说完这些话，甘地的母亲又很平静地回到屋子里，继续劳作。

甘地的母亲不仅有虔诚的信仰，而且温柔慈祥，尤其可贵的是，她有丰富的知识，对国家发生的事都很关心，这对当时印度的妇女而言，非常难得，所以她深受邻居的敬重和信赖。

敬佩孝子修涅巴拿

甘地的童年是在故乡波耳班达度过的，他也在当地念了小学。童年时期的甘地，可以说是懵懵懂懂的，因为他连九九乘法表都背不熟。

一直到甘地七岁的那一年，他父亲不知道为什么突然辞去了波耳班达首相的职位，到拉其可得王国担任首相。因此，甘地一家人就从波耳班达迁徙到距离约一百二十里以外的拉其可得。甘地也跟着转学，进入当地的小学念书。

甘地的个性非常内向，他不太敢和别人交谈，所以没有几个朋友。

后来，甘地进入中学念书，因为他痛恨投机取巧的行为，拒绝用不正当手段取得成绩，所以他就要比别人用功，求取好的成绩。甘地整天不停地钻研教科书，上课专心听讲，下课回到家就复习功课，几乎把所有时间都放在课业上反复不断地预习、复习，根本没有看过课外书。

直到有一天，疼爱他的父亲，买了一本《孝子修涅巴拿》的课外书送他，甘地才开始接触课外书。

《孝子修涅巴拿》是每个印度人都很熟悉的一本故事书。这本书深深地吸引着甘地。

《孝子修涅巴拿》叙述一个孝顺的年轻人，他每天都细心地照顾双目失明的父母亲。他的父母亲喜欢到各地的寺庙去膜拜祈福，这个年轻人就不辞辛劳地领着父母，到各地去参拜。不幸的是，他的父亲在半途中，竟然被正在打猎的达夏拉达王误认为是猎物而射杀死了。

这个悲惨的故事深深地打动了甘地的心，甘地反复念了不少遍。

这时候，来了一个巡回剧团，就在甘地的家乡公演孝子修涅巴拿的故事。剧中修涅巴拿肩上背着箩筐，手牵着失明的双亲，缓缓前进的样子，一直烙印在甘地的心中，永远也磨蚀不去。

甘地心里暗暗发誓："我也要像修涅巴拿一样，无论遇到任何灾难，也要勇敢地活下去！"

另外还有一出戏，也深深影响了甘地，那就是哈里西·千陀拉的故事。

哈里西·千陀拉是传说中的一个印度国王，他有着宽大的胸怀和正直的人格。有一次神要试探哈里西·千陀拉国王，就化身为恶魔，向国王提出很多难题，想问倒国王，恶魔还说：“如果你无法回答这些问题，我就要杀死王后和王子！”

恶魔提出的问题，果然都是很困难的，一般人根本无法回答。但是哈里西·千陀拉国王经过冷静思考，不慌不忙地回答问题、解决问题，使得恶魔知难而退，终于保住了王后和王子的性命。

这出戏使得甘地大受感动。他经常思考一个问题：“为什么世上的人，不能像哈里西·千陀拉国王一样正直勇敢呢？”

每当想到这里，甘地就会很失望。虽然修涅巴拿和哈里西·千陀拉都是诗人、作家所创作出来的故事人物，但是他们却活生生地存在于甘地的心中。

甘地结婚了

一八八二年，甘地才十三岁，那年他正在中学读二年级，可是他已经要结婚了。

印度的“童婚制”已经实施了几百年，甘地家族也是一样的。也就是说，当印度人还是小孩子的时候，就必须要完成结婚的礼俗。

由于印度的种姓制度限制不同等级的人联姻，所以家长们都担心自己的儿女到了必须结婚的年龄还找不到对象。因此，男孩在出生以后，要赶快找到一个属于同一阶级、同一种姓的女孩，先订婚，等长大到十二三岁，就要举行婚礼了。

甘地的父母也很关心甘地的婚姻。

从甘地出生到他十三岁这段期间，他一共有过三次婚约。这件事全由甘地的父母亲和女方家长做主，甘地一点也不知道。但是前两次的婚约，女童都因病早逝。直到第三个与甘地结婚的少女，才成为甘地的妻子。

这个少女，名叫佳丝度芭。

甘地十三岁那年，有一天，家里突然非常忙碌，母亲差遣仆役做各种婚礼准备工作。甘地看了，很好奇地问母亲：“妈妈，是谁要结婚呀？”

“就是你呀！”母亲笑着说，“不仅是你，你的两个哥哥也同时举行婚礼，你父亲说这样不仅热闹，而且省钱。”

父亲希望婚礼在故乡波耳班达举行，所以甘地和两个哥哥，以及其他的家人都先回到老家去布置，等待婚期的到来。

甘地的父亲在拉其可得当首相，与老家相距一百二十里，他工作繁重，无法分身。这么长的距离，通常马车要跑上五天才能到达，可是甘地的父亲太忙了，竟然在婚礼的前三天，才从拉其可得出发。

这位忙碌的首相，雇了马车，不停地催促马车夫快马加鞭，一不小心，马车翻了，甘地的父亲受了重伤，全身包着绷带回到家，忍着痛苦，为三个孩子主持婚礼。

十三岁的甘地，根本没有能力自谋生活，如果他想离开父母组织小家庭的话，恐怕连自己都养不起，更别提养活妻子和生儿育女了。

那时候，他们三兄弟在同一所中学念书，大哥是高年级生，二哥比甘地高了一年级。他们原本是手不释卷的好学生，但是自从结婚以后，情况就改变了。

首先是大哥无法专心用功，以致功课一落千丈，最后无法通过升级考试，而被迫留级。后来是二哥，他连续留级两次，没等到毕业就休学了。

甘地呢？情况差不多，他每天要和新婚的妻子为生活忙碌，所以也没以往那么用功了，终于也在三年级那一年，被学校裁定要留级一年。

甘地自己觉得，留级实在是一件很不光彩的事，于是去请求老师，准许他勉强升级。老师答应甘地的要求，甘地就升到四年级去了。

可是才读了几周，甘地就尝到苦头了，因为四年级以后，大部分的书都是英语课本，甘地读得很吃力，尤其像几何学，是一门新课程，虽然老师教法很新颖，也讲授得很清楚，但是甘地仍旧一知半解。

“怎么办？依照我的程度，我是不是该留在三年级？”甘地不断思考这个问题。他打算再去和老师商量，回到三年级念。

“不行！”甘地的心里挣扎着。

“如果我再回三年级去读，那实在太丢脸了！”甘地想得头都痛了！最后他决定咬紧牙关，继续读四年级。

在这段期间，好胜心强的甘地，经常彻夜不眠地用功，也常常紧张得食不知味。直到有一天，甘地念到几何学上欧几里得第

十三条定律时，突然融会贯通，甘地发现，原来几何学一点也不难！这就如同去爬山，刚开始爬坡时，路途很艰辛，一旦登上山巅，下坡时就轻松多了。

从此以后，甘地就不怕几何学了，而且还对几何学产生了兴趣。

虽然克服了学习几何学的困难，但是甘地还有一项害怕的学科，那就是古印度文，也就是用来记录印度教和佛教经典所使用的文字——梵文。

梵文和几何学一样，也是到四年级才开始授课的。可是甘地到六年级时，还觉得梵文非常困难，甚至不想去学它。再加上他的梵文老师很严格，更使得他觉得毫无兴趣。学校还有另一位教波斯文的老师，他上课很风趣，使得甘地喜欢上波斯文，而拒绝学梵文。

有一天，甘地利用梵文课的时间跑到波斯文的教室旁听。这件事被梵文老师发现了，他把甘地叫到办公室去，用凝重而失望的语气对甘地说：“你忘了自己是一个印度教徒的子弟吗？为什么对自己信仰的宗教语言没有兴趣呢？我知道梵文很难学，可是我们身为印度人，如果要研究本国的文化，就必须懂得梵文呀！”

老师停了一会儿，很严肃地告诫甘地说：“学习的过程难免困难重重，但是只要你用功、努力学习，并且有了心得，你自然会发现其中的乐趣！甘地，不要泄气，不要灰心，好好地把梵文学好吧！”

听了老师这番语重心长的话，甘地很受感动，他一向认为严肃刻板的老师，居然是一位为学生着想，而且又爱自己祖国文字的老师呀！

甘地知道自己错了，原来以前觉得梵文太难太枯燥，是因为自己不用功，没有下过功夫，真是令人惭愧呀！所以甘地开始积极学习梵文了。

这位梵文老师，名叫潘迪亚，甘地一直对他怀有深深的感谢与怀念。由于他的启发，甘地才会诵读印度教的古经典，才更深入地了解自己的民族。

另外甘地很惦记休学的二哥。甘地觉得，二哥会休学，是因为受早婚的影响，这种婚姻变成探求学问的绊脚石，甘地认为应该改进。

偷吃神所禁食的肉

虔诚的印度教徒都必须信守吃素的诺言，绝不能吃肉。如果吃肉，就表示违背了神的旨意。

甘地读中学的时候，交了一个朋友，他原本是甘地二哥的朋友，自从甘地交上了这个新朋友以后，全家人都为他操心，连他的妻子佳丝度芭，都对他说："你别和他太亲近！他不是一个好朋友。"

甘地的大哥和母亲也劝告他，希望甘地疏远那位朋友。

但是愈多人反对他们来往，甘地愈是要和那位朋友交往，甘地辩解说："我也知道他有很多缺点呀！我要和他做朋友，主要的就是要纠正他的缺点，我可以保证，我绝不会变，反而会拉他一把呢！"

尽管母亲、大哥、妻子都不相信甘地的话，但是由于甘地的坚持，再也没有人过问他们交往的事了。

从此以后，甘地和这个朋友就常常在一起玩。有一天，他的朋友问甘地说：“甘地，你听过这首歌吗？”说完，就哼了起来。歌词是这样的：

看哪！又强又壮的英国佬，
正在欺侮弱小的印度人，
为什么英国佬这么强壮？
因为他们天天都吃肉，所以那么强壮，那么庞大。

“奇怪了，”甘地说，“最近我经常听到这首歌呢？这首流行歌是谁作的词呢？”

他的朋友没有回答这个问题，因为他也不晓得是谁开始唱这首歌的，不过他很快转过身来问甘地说：“怎么样？你觉得这首歌的歌词如何？”

甘地被他问呆了，回答说：“我想，只要是印度人都会回答‘印度教徒是不能吃肉的呀！’”

印度人由于信仰关系，严守不杀生的戒律，而且他们还把牛当成是神圣的动物，别说吃它们的肉，连虐待都不行，所以印度人都只吃谷类、蔬菜，或是喝牛奶、羊奶等。

甘地的朋友笑骂他说：“你的思想实在太迂腐、太愚笨了！”接着他又说：“英国人身体强壮是因为他们可以吃大鱼大肉。如果我们印度人也要像英国人那样强壮，就必须吃肉！”

甘地听得目瞪口呆，简直不敢相信他的朋友，竟然说出这种话来。

他的朋友又继续说：“这是为了营养呀！有什么好惊讶的？”接着笑了笑说：“学校的老师也都在背地里吃肉、喝酒呢！而且城里的一些名人也都在吃荤呢！就连我们学生当中，也有很多人都吃肉了，谁像你听到肉食就一脸惊吓的样子。”

甘地默默不语地听着。

那朋友又说：“你看看我，我的个子高、力气大，跳高、赛跑，样样得第一，说真的，这都是吃肉的功效啊！”

甘地看看这个朋友，他的确比自己强壮多了，所以吃素的信心已经有些动摇了。在体型上，印度人和英国人的确差了很多。尤其是甘地自己，跳不高、跑不快，也许是和长期吃素有关吧！

甘地在心中暗暗盘算着：“如果我也开始吃肉，可能会使体力增加，或是变得更强壮！二哥也偷偷地吃肉了，他的体格的确比我还强壮呀！”

看哪！又强又壮的英国人，

正在欺侮弱小的印度人，

为什么英国佬……

这首歌，在甘地的脑海中盘旋不去。

“对！要赶走支配印度的英国人，就必须具备强壮的体格，要有强壮的体格，就要汲取营养，所以为了印度的前途，我应该吃肉才对！”甘地希望有强壮的体魄，于是，他决定开始吃肉。

甘地的父母是虔诚的印度教徒，如果他们知道甘地违背教规的话，一定会伤心欲绝，所以甘地只能偷偷地吃肉。

有一天，甘地依照约定，来到一条溪畔，浓浓的灌木丛正好掩蔽着甘地。

不一会儿，甘地的朋友也来了，他不晓得从哪儿捧来一包用树叶包裹的烤肉。甘地看了一下，仍旧没有动手。

“吃呀！甘地。”他的朋友在一旁鼓励着。

“好！为了印度，我是为了印度的强盛才吃肉的！”甘地说。

甘地硬着头皮把一块肉放进嘴里，这是他平生第一次吃肉，甘地觉得一点也不好吃，反胃得很厉害，吃下去的肉一会儿全都吐出来了。

那天晚上，甘地躺在床上，翻来覆去怎么也睡不着，只要一闭上眼睛，就会想到：“我偷吃了神所禁食的肉！”

好不容易才要睡着，甘地又被噩梦惊醒。

“不！不！我绝不会被噩梦吓倒。”甘地暗下决心，“为了我强壮的身体，我要继续吃！”

但是甘地不再到溪畔去偷吃，他公开到餐厅，享受大餐。

这家餐厅的厨师手艺不错，他做得美味可口，甘地吃得津津有味。可是到餐厅要花很多钱，这对甘地来说，是一笔沉重的负担，所以甘地不敢常常去吃。

每次甘地在外面大快朵颐以后，回到家就吃不下饭了。

他母亲不知道原因，以为甘地病了，总是很焦虑地问："为什么不吃饭呢？是不是身体不舒服？"

甘地撒谎说："妈，我肚子有点不太对劲，吃不下饭。"

甘地的母亲是很信任儿子的，对于甘地的回答，她当然相信了。倒是甘地自己觉得很对不起父母亲，万一父母亲知道他偷吃肉的事，一定会很伤心的。

甘地的心情很复杂，他常坐立不安，内心经常责备自己。

有一天，甘地实在忍不住了，他对那位朋友发誓说："我要停止吃肉了，虽然我知道印度这个素食的国家，非常需要依靠肉食来增加营养。但是如果只为了吃肉就要对父母撒谎，这是罪不可赦的事呀！"

甘地又说："我要等到成年，能对自己负责以后，才要正正当当地吃肉，至于这段时期，我已经下定了决心，再也不吃肉了。"

自从甘地发誓后，无论谁用什么方法来引诱他、劝他，他都不曾动心，一片肉也没再吃过。

甘地除了瞒着父母偷偷地吃肉以外，也曾经和一位堂兄染上了抽烟的恶习。

甘地抽烟，刚开始是为了好奇，他看到叔叔抽烟喷烟圈的神态非常帅气，就想要去试试。

甘地并没有多余的钱买香烟，只得捡叔叔丢弃的烟蒂，可惜烟蒂也不是随时可以捡到的，于是甘地就去偷仆人的钱买香烟，过过烟瘾。

买来的烟一下子就抽光了。甘地听说山谷中有一种植物，可以拿来当烟抽，所以甘地很兴奋地到山谷中找一大堆叶子回来，他把这些叶子晒干，再卷起来当烟抽，但是味道很辣，呛得胸口都发麻了，比香烟差太多了。

甘地苦恼地说："做小孩子真可怜，不但没钱买烟，买到烟后，也只能偷偷摸摸地抽，唉！做什么事都要大人许可，干脆死掉算了！"

这个念头在心里升起的时候，甘地想起森林里头有一种叫作曼陀罗的植物，它的果实含有剧毒，无论是人或动物吃了，马上会中毒死亡。因此，甘地就采了一堆曼陀罗来，准备自杀。

黄昏时分，他来到盖达耳齐曼得尔寺庙，点燃了油灯，向神明祈祷以后，绕到了岑寂的寺庙后院中。当他把果实放进口中，准备吞下时，他的决心动摇了，"万一吃下曼陀罗以后，死不了怎么办？如果变成痛苦的挣扎，那不是更难过吗？"甘地迟疑地想道。

"何况，我快要长大成人了，再过几年，就能和大人一样自由行动了。”想到这里，他再也没有吞下去的勇气了。

甘地这才了解到，想自杀虽然很简单，但是真正要做，可没那么容易。

从此以后，甘地再也没抽过烟，哪怕是后来他长大成人了，也不曾再抽烟。

恳求父亲原谅

甘地十五岁那年，犯了偷窃罪。

甘地缺钱用，所以向二哥借了二十五卢比，说好过一阵子就还他。

可是一直到了归还的日期，甘地仍没有钱还，于是，他到二哥的房间，把二哥的纯金手镯偷偷削下一些来，拿去变卖，还清了借款。

债务还清后，本来心情应该很轻松的，但是甘地反而一直闷闷不乐。他上回偷仆人的钱买烟，这回又犯下偷窃的过错，他不断地谴责自己，反复地自言自语说：“啊！甘地！你又当小偷了。”

甘地惭愧得彻夜难安，他跑到没有人看见的地方，咒骂自己，有时候甚至在地上打滚，却始终无法减轻内心的愧疚。

最后甘地决心向父亲坦白认错，可是怎么也说不出口。甘地并不怕父亲会责打他，而是怕父亲无法承受这个事实。于是他写了一封忏悔信，记载了所有犯下的错误。

甘地在信的结尾写下："我已经向神发誓，从今以后，再也不会犯同样的错误，请爸爸原谅我的过错，原谅年幼无知的儿子吧！"

甘地拿着信走进父亲的房间，这时候父亲正因为旧病复发，躺在床上静养。

甘地鼓起勇气，把忏悔信交给父亲，父亲满脸惊异，接过信，并拆开来阅读。

甘地站在父亲的床沿等待父亲的惩罚。他知道依照父亲的脾气，一定免不了要挨一顿打的。

甘地很紧张地看着父亲，忽然他看到父亲的脸颊上流下了两行泪水，泪水滴到信笺上面，信纸都湿透了。他沉思了一会儿，然后把信纸撕掉了。

甘地的心里非常痛苦，不禁趴在床沿痛哭起来。虽然父亲没有责罚他，可是父亲那种无奈、失望的样子，比打他更令他难过。

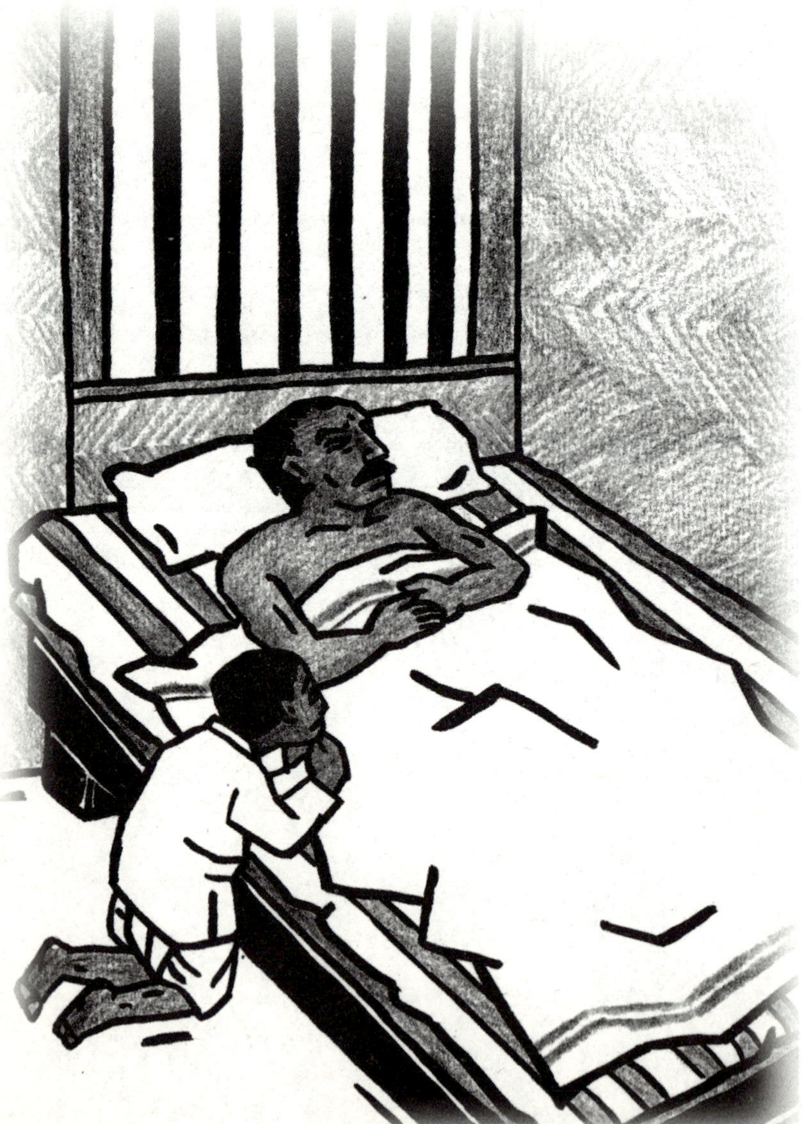

留英时期

LIUYING SHIQI

英国警卫抓住甘地的肩膀，用力把他推到门外，然后狠狠地把门『啪』一声关起来。

留学风波

甘地十六岁那年，父亲去世了。

由于甘地的父亲久病卧床，长期需要别人的照顾，所以甘地一直耐心地服侍在身边，喂食汤药及按摩腿部。

父亲卧病的那段时间，经常有一位耆拿教派的和尚来和他的父亲谈论各种教义，甘地也在一旁仔细地听，逐渐的，甘地除了印度教以外，也知道其他教派的存在。

本来，信奉印度教的信徒，应该时常到寺庙中去参拜，但是甘地并不欣赏寺庙中的奢华气势。更因为甘地知道有许多和尚胡作非为，使得他极不愿意到镇上的寺庙参拜。

虽然甘地不常去寺庙参拜，可是他从奶妈那儿听来许多关于宗教的传说。

兰芭奶妈十分疼爱甘地。甘地很怕鬼，兰芭奶妈就慈爱地对甘地说："别怕，如果你真的怕鬼，只要在心里反复不停地念着伏鬼之神赖麻耶那的圣名，任何妖魔鬼怪都会吓跑的。”

甘地非常信任兰芭奶妈，所以一遇到觉得恐怖的事，或是毛骨悚然的时候，甘地就口中念念有词：“赖麻耶那！赖麻耶那！”他的心里果然就不那么害怕了。

这种习惯直到甘地念中学时仍然保留着，甚至一直到年老的时候，还深深影响着他。

甘地知道应该尊重别人的信仰自由，可是他对基督教却是抱着憎恶的态度。

为什么呢？

拉其可得的街道上，经常可以看到基督教的传教士在传播福音。有一天，甘地在校门口遇到一位传教士。他站在街上说：“在这个世界上，只有基督是唯一的真神，其他如印度教、佛教的神，全都是邪神。”

甘地听了非常气愤，他无法忍受基督徒为了传教，竟然污蔑其他宗教，尤其还诋毁他的宗教——印度教，他对基督教始终无法产生好感。

至于其他宗教，他则保持敬重的态度，并且在甘地的心目中，确定了一个想法，那就是：人的一切行为，都应该建立在道德基础上，以道德为中心，才是最真诚、最可贵的信仰。

甘地还记得在印度西南地方，有一首古老的劝善歌，世世代代流传下来，非常令人感动。这首歌名叫作“以德报怨”。歌词是：

别人赐你一杯水，
你应当用丰盛的菜肴招待他。
别人亲切地招呼你，
你应当真心诚意地俯首回礼。
别人赐给你一分钱，
你应当以金币奉还。
别人救你一命，
你也要以身相报。
请你记得圣贤的名言，
那么你所做的每件小事，
都会得到好的报酬。
以德报怨，
才能使世界充满喜乐。

这首以德报怨的歌，使得甘地更加崇信道德的基础相当重要。

甘地在中学毕业以后，得到大哥允许，进入大学念书。

那时候，拉其可得附近有两所大学，分别在巴弗达和孟买。甘地家里的经济并不宽裕，所以他进入学费比较低廉的巴弗达的大学。

这所大学叫作萨麻耳答学院。甘地才入学，就开始烦恼了，因为教授讲的课，他一句也听不懂。

萨麻耳答学院的教授都是一流的，教材和教法也很新颖。甘地跟不上的原因，是因为他从小就在乡下念书，基础不稳固，所以上大学以后，非常吃力。

放暑假的时候，甘地回到家乡，想和大哥商量自己的前途。

正巧他家里来了一位名叫麻福济·达咸的老人，这个老人深受甘地家族的敬重。老人告诉他们说："现在世界一直在改变，而且变得速度很惊人，也许你们希望甘地从萨麻耳答学院毕业后，能当首相，继承他父亲的职位，其实，这已经是不可能的事。"

老人又说："就算他从那么好的学校毕业，顶多也只是个领薪水的职员而已，根本谈不上当首相。"

甘地的母亲听了很着急，她问老人说："那么，该怎么办呢？"

老人说："你们可以考虑把甘地送到英国去念书。外国的学费和生活费虽然贵得多，可是，如果能从英国的大学毕业，取得律师资格的话，要当首相就比较容易了。"

老人向站在一旁的甘地问道："怎么样？你想不想到英国去念书？"

甘地高兴得差点就要跳起来了。他心里明白，依照他的成绩，想从萨麻耳答学院毕业，根本没办法，如果真的能够到英国去，那再好不过了。甘地对大哥说："我想去英国念医学。"

可是，甘地的大哥说："不！你不能去念医学，难道你忘了，父亲生前常说，印度教教徒绝对不能解剖尸体。念医学，就必须解剖尸体呀！”

母亲也跟着说：“是呀！你父亲一直希望你能在司法界工作，替世人伸张正义。”

母亲想了想忧虑地说：“你才十八岁，一个人孤单单地去到那么老远的英国，我真是不放心！”

最后母亲提议说：“在我们家族中，你叔叔的辈分最高，你去听听他的意见吧！”

甘地就到叔叔家拜访，把所有的事情一五一十地告诉叔叔。他的叔叔说：“在我知道的一些留学英国的律师当中，有许多人忘掉自己的身份，瞧不起祖国，好像自己是英国人，神气得不得了。一想到这件事，我就不太希望你也到英国留学。”他叔叔停了一会儿又说：“不过我不希望耽误你的前途，只要你母亲允许，你就去吧！”

甘地把叔叔的话，一字不漏地转达给母亲知道。

母亲说：“我想你也不要去英国念书了，我听人家说，有个年轻人在家里很乖巧，但是到英国留学以后，就变成太保，整天只知道喝酒、吃肉。我实在很不放心你去英国。”

甘地沉默了很久，他知道只要母亲不准许的话，那么留学的事就要泡汤了。

甘地想出了一个办法，他向母亲提出保证：“妈妈！请您相信我。我郑重地发誓，绝不会做坏事让您蒙羞，请您准许我出国留学吧！”

母亲说：“孩子，我当然能相信你。可是你一个人到遥远的国家去，万一发生什么事，该怎么办呢？”

母子俩为了留学的问题，讨论很久都没有结果，最后，母亲说：“你去请教斯瓦密先生吧！也许他有更好的意见。”

斯瓦密也是甘地家族的好朋友，通常有什么重要的事，他们都会去请教斯瓦密的。

甘地到斯瓦密先生家，向他说出心中的烦恼。

斯瓦密先生听了甘地的说明以后，拍拍甘地的肩膀说：“想要将来在社会上有所贡献，的确应该到英国去留学！”

甘地听了心中非常高兴。

斯瓦密先生又说：“既然你母亲放心不下，你就在印度教的神前发誓，到英国后，绝不喝酒、吃肉。”

这是一个好办法，甘地果真在神前立下重誓，他母亲才松了一口气，准许甘地远赴英国念书。

甘地终于可以出国念书了，他兴奋得不得了，整个心情都很愉快。

趁着几天的假期，甘地把妻子和刚出生的婴儿安顿好，并且整理行李，接受母亲和大哥的祝福，高高兴兴地向家人辞行，到孟买的港口准备搭乘轮船，前往英国。

被逐出吠舍阶级

可惜港口风浪太大，船只没办法开航，甘地只好等九月风平浪静后再出国。

没想到甘地回家后，却出事了。

为了甘地要到英国念书的事，甘地家族所属的吠舍族召开了大会。所有的吠舍阶级的人，都集合在一起，他们想阻止甘地到英国去。甘地一回到拉其可得的家中，立刻接到开会的通知，要他出席种姓大会。

在大会上，吠舍阶级的长老告诉他说："甘地，经过种姓会议的决议，我们不许你到英国留学。因为依照印度教的规定，教徒不准到外国去，外国人的生活习惯和我们不同。而且你到那里入境随俗，难免会喝酒吃肉，这是违反印度教戒律的行为，所以不准你到英国留学。"

听了长老的宣判，甘地非常诚恳地提出说明："我虽然是要去英国读书，但是我永远记得自己是印度人，是印度教的信徒，我出国以后，还是会遵守印度人的戒律，不论在任何情况下，绝对不会喝酒、吃肉。”

甘地又说：“我到英国念书，主要的目的是想求得高深的学问，以后为同胞服务……”

不论甘地说了多少好话，或提出什么保证，种姓大会的长老仍然固执成见，坚决反对甘地出国求学。

甘地遭受到很大的阻力，但是他丝毫不灰心。

长老对于甘地这么坚持的态度，非常愤怒，竟然借种姓会议的名义，宣布了一道命令：

“从此以后，莫汉达斯·甘地永远被逐出吠舍阶级，如果有人胆敢帮助他，或是和他交往，一律罚款一卢比四阿那。”

这种处罚实在太严重了，因为印度的种姓阶级非常明显，如果被所属的阶级放逐了，是非常可怜的。一方面没有人敢和他交往，另一方面也找不到任何工作，简直会被活活逼死的。

不论多么坚强的人，都受不了被放逐的命运，但是甘地不一样，他一点也不害怕。

甘地担心的，根本不是被吠舍阶级放逐的事，他心中只挂记着，万一大哥被这件事影响了，改变让他出国的主意，那不是前功尽弃了吗？

结果事实证明甘地的担心是多余的。他大哥非常镇定地说：

“不管长老们的意见怎么样，你都要坚定自己的意志，到英国去留学。”

很快就到九月了，从孟买传来消息说，印度洋的风浪平静多了，轮船已经要开航了。

一八八八年九月四日，甘地终于乘船从孟买出发了，那一年甘地才满十九岁。

学做英国绅士

甘地搭乘的轮船，大约在海上航行了二十多天后，终于抵达了英国的首都伦敦。

经过长时间的海上旅途，疲倦的旅客都陆续下船了，其中有一位穿着白色法兰绒衣服的男士，那就是甘地。

已经是九月末了，秋天的气息夹带着冬天的寒意，大家都已经换上了黑色的秋装，有些人也在晚上披上夹克，突然出现一位身穿白色西服的人，当然受到大家的瞩目。

其实为了要穿这套白西装，甘地已经费了不少心思，他以为英国和印度一样，都还是酷热的天气呢！

在英国，有很多跟穿白西装一样令甘地困窘的事情，例如他想要吃素食，却找不到餐厅，甘地为了这些琐事，差点就不想待在英国了。

幸好，甘地还没出发以前，有几位热心人士写了几封介绍信，为他安排在英国的起居。在这些介绍信当中，甘地选择了梅达博士，请求梅达博士的协助。

梅达博士为甘地找到一个家庭，介绍他住进去。梅达博士说："你到英国来留学，虽然说是要研究学问的，但是更重要的是学习文明国家的生活习惯。因此，你住进英国人的家庭中，与他们相处一阵子，比较容易进入情况。"

甘地接受了梅达博士的安排，住进一对英国夫妇的家庭中。甘地的运气好极了，那对夫妇对他非常亲切，把甘地当兄弟一般来照顾，并教甘地许多英国人的生活习惯与礼节。

尽管如此，吃饭的问题仍然没有解决。

房东太太下了不少苦心，为甘地煮一些新鲜的蔬菜，提供甘地素食，可是要她这样一直为甘地服务，而且在菜肴中不加一点肉屑，那实在太难了。

为了吃的问题，房东先生和太太两人，想尽办法，劝甘地放弃素食，跟着大伙儿吃一样的菜肴。

可是甘地坚守着自己的誓言，不肯接受别人的诱惑。

有时候，房东太太无暇为他特别准备素食，甘地就吃菠菜和果酱面包，顶多再喝一瓶牛奶，但是两三片面包，怎么吃得饱呢?

甘地只好忍受着饿肚子的痛苦。

终于有一天，房东夫妇生气了。他们对甘地说："你毫无理由地信守自己的誓言，让自己饿肚子，这不是很可笑的事吗？简直就是迷信。”

又说：“你以前不是也吃过羊肉吗？你也知道肉类美味可口又营养，为什么现在可以吃肉的时候，你反而不吃肉呢？”

甘地说：“你们关心我，我十分感激，但是我对于自己发过的誓言绝对要遵守的。”

有一天夜晚，甘地独自在市内溜达，突然眼前一亮，他有点不敢相信，竟然在街上出现一家素食馆，这对甘地而言，简直是上天的恩赐。

甘地走进一看，餐厅的陈列窗上还摆着一本《素食主义论》，于是甘地马上买了一本。

这是甘地到英国以后，吃得最舒服、最满意的一餐。

甘地把苏鲁德写的《素食主义论》看了一遍，他深深地被感动了，他相信素食不但是人道，而且对健康也有益处。

甘地的衣服大部分是从印度的孟买城买来的，在印度，那已经算是很流行的衣服了，可是一到伦敦，他才发现自己土里土气的，走在伦敦街上，到处有人注视着他。

为了让自己更像一位英国的绅士，甘地就到西装店去订制一套西装，并且还买了一顶帽子，花了不少钱。甘地把西装穿上，并把帽子戴好，结果英国人却说：“不像啊！”

甘地有点失望，于是他又花了十镑定做了一套燕尾服。这下子，甘地的“样子”有点像英国绅士了。

接着，他又花钱去补习法语，因为法语是当时上流社会的绅士必备的语言。

然后，甘地又花了三个星期的时间学跳舞。跳舞这件事，对甘地而言，简直太难了。甘地一点韵律感也没有，跟不上音乐节奏，也不知道如何移动脚步来扭动身体，使得甘地身心俱疲，最后还是不会跳舞。

甘地这么忙乱，其实仅仅为了想办法让自己成为一位英国绅士。

时间一天一天地过去，甘地心里觉得空虚，终于他静下来好好思考这个问题了。甘地在沉思的时候，他想道：

“我是印度人啊！我到英国来只是为了求学，等到学有所成的时候，我就要回印度去了！我这样忙碌于装扮成英国绅士，难道想要一辈子待在英国不成？”

甘地想通了以后，便决心放弃那些无意义的行为。

参加律师检定

甘地对自己的信心愈来愈足了，他不必在外表上强求自己像英国绅士，他知道自己该做些什么事。

但是这时候，他身上的钱已经快花光了，今后，必须精打细算好好节约，否则就要饿肚子了！

首先，甘地在学校附近找了一幢便宜的房子搬进去，他每天从家里走到学校，不但节省了车资，同时也利用这段时间好好地运动，甘地在留学期间从来没有生病，他把健康的身体，归功于每天步行上下学的结果。

甘地也开始自己做三餐，准备的时间不多，一餐饭最多用十几分钟，因为他在早餐吃些麦片粥，午餐在外面吃，晚餐则吃面包和喝可可。

在吃和住方面，甘地每个月的确节省了许多开支，但是最重要的是甘地有更多的时间念书。

由于甘地的勤学，他的成绩突飞猛进，教授对他也刮目相看。

甘地现在唯一的愿望是早日取得律师资格。

为了早日达到愿望，甘地找了很多资料，他把以往别人参加考试的试题都搜集起来，仔细研究与作答，一点也不肯放松。

甘地准备了好一阵子，心里非常兴奋，因为他有把握除了考上律师资格以外，另外再取得一个学位。

甘地寄信向牛津、剑桥两所大学索取简章，他仔细读了一遍简章，才发现自己留学的年限和所准备的学费都不够，如果想要取得学位，大概还要家里寄来一大笔学费。这时，甘地的心情坏透了。

有个朋友看到甘地那么沮丧、失望，就好心地劝他说：“甘地呀！不要难过，你为什么不去试试伦敦大学的检定考试呢？不过我要提醒你，那也不简单啊！”

听了朋友的劝告，甘地的心底又燃起了一线希望。

于是甘地向伦敦大学要了一份简章，简章上列出所有考试的科目，其中有一科，是甘地最头痛的，那就是要考拉丁文。

“拉丁文？那不是太糟糕了吗？我完全不懂呀！”甘地失望地说。

他的朋友立刻提醒说：“甘地，你既然想当律师，必须要读罗马法，而读罗马法又必须熟谙拉丁文，所以，你应该赶快去学拉丁文才是。”

甘地仔细思考朋友的话，想一想也很有道理，反正迟早要学的，何不现在用功一些，所以甘地就报名参加检定考试的班级，开始学习拉丁文。

另外还必须考法文，这一项对甘地而言，就不会那么紧张了，因为他刚到英国来的时候，不但学交际舞，也学了一些法文，现在只要再加把劲，应该没问题。

按照规定，检定考试，每六个月举行一次。因为甘地报名的时间太晚了，所以从现在开始算，离检定考试的时间，只有五个月而已。

甘地订下一个读书计划，每天按照进度读拉丁文和法文。

想在短短的五个月当中，把两种语言都学好，实在很费力，考试结果，甘地的法文通过了，可是拉丁文没通过。

甘地很失望，可是仔细想想，用这么短的时间，学会拉丁文的语法和文法，已经很不错了。何况，法文及格的成绩可以保留，下一次检定只要专攻拉丁文就可以了。

甘地重整信心，把重点放在物理和化学这两个学科上。

物理和化学倒是甘地的拿手科目，因为在印度求学时，他这两科的成绩就很好了，及格应当没问题的。

除了准备检定考试的事以外，甘地还接触了一些宗教书籍，在紧张忙碌的生活中，给他带来一些宁静和力量。

甘地留学英国的第二年年底，认识了两位研究神学的兄弟。

有一天，他们问甘地：“你读过《巴格巴特·吉达》吗？”

甘地听见对方问起《巴格巴特·吉达》，立刻想起父亲卧病期间，曾经和家人朗诵过这篇古印度的长篇叙事诗。但是因为领他们朗诵的人，讲解得不好，所以甘地就放弃没念了。

于是甘地回答他们说：“我以前读过，但是只知道大概而已，并没有深入的研究。”

那两位研究神学的兄弟就说：“我们读过英文版，那是安诺德先生翻译的，书名叫作《众神之歌》，是一篇伟大的诗篇，可惜我看不懂原文。”

他们又说：“如果能够拿原文版来欣赏，一定更精彩的，而且更能体会出其中的美妙！甘地，听说你的梵文不错，我们想请你指导我们，研读梵文的原本。”

“好呀！”甘地很兴奋，一口就答应了。

他们很认真地去读《巴格巴特·吉达》，并且真正去品味其中的精髓。

甘地这才发现，诗里面充满深奥的哲理，是一篇美妙动人的诗篇。

此后，甘地若遇到不愉快的事，或是心里难过、沮丧时，必定拿这本书来读。

甘地最喜欢第二章的诗句，这一段诗的内容是：

假如我们醉心于华服、美酒，
必定无法抗拒美色、酒肉的诱惑，
一旦如此，
想要满足欲望的心，
正直的心灵，就会逐渐枯萎而趋向幻灭。
高尚的情操、温馨的爱情、可贵的生命……这一切一切，
也将付诸东流。

当甘地沉醉于《巴格巴特·吉达》美妙诗歌中的同时，他也结识了一位基督教徒。

这位天性善良的基督教徒，也常去素菜馆吃饭，和甘地成为好朋友后，他们常在一起讨论宗教问题。

有一次，甘地告诉他，曾看到一位基督教的传教士，口出狂言，污辱印度教，说印度教的神是“邪神”，因为有这样的经验，所以甘地对基督教始终没有好感。

那位基督教的朋友听了以后说：“唉！基督教徒中居然有这样的人，真是悲哀！”

又说：“我知道有许多基督徒既吃肉，又喝酒，但是不要因此认定基督教是劝人喝酒、吃肉的，我和你一样，也是个素食主义者。请你看看《圣经》，再客观地去做判断吧！”

那位基督教徒解释完毕后，拿了一本《圣经》送给甘地。

甘地拿回家以后，静下心来阅读，想好好地看看到底写些什么，和印度教的经典有什么不同。

好不容易，甘地才看完《旧约圣经》中的首篇《创世纪》。再往下看就很吃力了，他觉得《圣经》的内容乏味无比，他看得都快睡着了。

但是当甘地翻到《新约圣经》时，所有的感受都不同了，甘地喜欢其中的《马太福音》第五节到第七节。

那个章节中写的是“登山宝训”，甘地非常喜欢。他觉得这一节和印度教中劝人为善的教诲很相似，所以他对基督教改变了看法。

甘地对其他的宗教信仰原本是采取敬重的态度，而现在他读过《圣经》以后，就激起了他想看其他宗教经典的心情。

甘地希望从宗教书籍中，认识各家宗教的含义。

又有个朋友建议甘地读一本英国哲学家的作品，那是喀来尔写的《英雄与英雄崇拜》，后来甘地又看了一本《伟大的预言》。从这些书中，他认识了伊斯兰教的创始人穆罕默德的伟大和勇敢，了解了穆罕默德一生崎岖坎坷、严于律己的精神。

甘地在英国留学的这段时间，可以说对宗教信仰有了更新的体认。

取得律师资格

时间过得真快，一转眼，甘地到英国已经四年了。

甘地不断地努力研究学问，参加检定考试，学习新的知识，终于在一八九一年，通过了律师资格检定考试，取得律师证书。

多年的苦读，终于有了收获，当甘地拿到律师证书的那一天，他希望自己有一对翅膀，立刻飞回印度告诉他的母亲、大哥和心爱的妻子。

能够成为一名正式的律师，相当不容易，尤其是对一个印度人而言，更是困难万分。

可是不知道为什么，兴奋的心情很快就过去了。甘地的心中好像有一块大石头压着，闷得喘不过气来。

他对一个好朋友说："我真怀疑自己是不是能成为一个好律师。"

那位好朋友很热心地建议他说："甘地，既然你有这样的顾虑，你应该去拜访腓特烈·平克先生。”

“为什么？”甘地问他。

“腓特烈·平克是一位受人尊敬的大律师，对印度学生很关心。很多印度留学生有了困难，平克先生会不计一切地去帮助他们，你不妨去找他，也许他可以给你好的建议。”

甘地接受了这位好朋友的意见，就写了一封信给这位大律师，信中说明了求见的目的。

很快，甘地就接到回信。

甘地依照约定的时间，抵达腓特烈·平克的家。大律师非常热情地到门口欢迎他。

甘地向他请教心中的问题说：“请您指示我，当一个司法人员，尤其是律师，要有哪些心理准备？”

大律师告诉甘地说：“当一个律师，并不需要有什么特殊的才能，只要能正直、勤勉，那就够了。我相信你能做得很好。”

停了一会儿，大律师又说：“如果你还是不放心，那么让我来考考你，你究竟有多少本事，现在由我来问几个问题，你好好地回答。”

大律师真的问了好多问题，甘地一一回答，而且回答得很详细。

大律师非常满意甘地的答案，他赞美说：“太好了，甘地，你的专业知识很充实呀！”

大律师又说："我知道你烦恼的原因了。甘地，从你回答问题中，可以知道你的法律常识非常正确，你所缺乏的就是一般性的常识。我刚才问你问题时，才发现你连自己祖国印度的历史都不太了解，如果你想了解人类的本性，那就要多读有关历史方面的书了。"

甘地点点头，他觉得大律师的话很有道理。

甘地又请教大律师："请问您，我应该先看哪些书呢？请您介绍我看几本好书，好吗？"

大律师想了一想，就说："对了，你可以先看凯和摩尔逊的著作《印度叛乱史》。读了这本书，你就会了解，为什么盛极一时的印度，现在竟然沦落到这么悲惨的地步。另外，你最好也能多读一些有关文学方面的书。"

甘地谢谢大律师后，迈着愉快的脚步回家了。

一八九一年六月十二日，甘地结束了英国的留学生涯，重回祖国的怀抱。

甘地搭乘阿萨姆号巨轮，从英国回到印度。下船时，发现大哥已经在孟买的码头等候多时了。

甘地深受感动，因为大哥对他的照顾，可以说是无微不至。

可是甘地发现大哥的脸上，似乎挂满着忧虑，甘地问："大哥，你为什么一脸哀伤的样子？"

"我们的母亲已经不在人世了，"他大哥哀伤地说，"弟弟，我不通知你的原因，是恐怕你知道以后没有心情专心念书，而影响到你的学业。如果这样，连去世的母亲也会感到不安的！弟弟，请你原谅我没通知你，希望你体谅我的苦心。”

大哥的话像晴天霹雳一样，使得甘地几乎昏倒在地。他茫然地望着海洋，想起在英国的四年，吃苦耐劳，努力求学，唯一支撑他奋斗不懈的信念，就是希望早日取得律师资格，荣归故里，光耀门楣，让母亲高兴。谁知希望竟成泡影，如今只能望海兴叹！

很快的，时间又过了半年，甘地听从大哥的建议，在拉其可得开办了一间律师事务所。由于当地的律师不多，甘地的事业蒸蒸日上，此外，甘地觉得能按照自己的理想，在家乡为大家服务，也是一件值得高兴的事呀！

被英国人欺侮

对甘地而言，坏的运气总是比较多一些，也许是老天爷有意要磨炼他吧！

正当甘地希望欢欢喜喜地做个职业律师，为同胞伸张正义的时候，麻烦的事情也跟着来了。

甘地的一位兄长因为父亲曾任首相，所以取得了波耳班达前国王的秘书职位，他为人忠厚，办事认真，受到许多民众的爱戴。

可是有一回，甘地的兄长因为公务，和英国派驻印度总督府的一位官员发生了冲突，以至于双方的关系非常恶劣。

大家都知道，印度是英国的殖民地，所以印度人如果和英国人起冲突，甚至发生意见不合的事，通常印度人都会受到不公平的待遇。

甘地的兄长对于得罪英国官员的事，愁眉不展，希望有人能为他调解纠纷，免去灾殃。

甘地和这位气势凌人的英国官员早在伦敦时就认识了，而且双方一直都有来往，算得上是好朋友。甘地的兄长知道甘地有这份关系，于是就来拜托甘地。

“弟弟，这件事你非帮忙不可，我受了英国官员的羞辱，他却反咬我一口，说我不对。我知道你和那位英国官员是好朋友，请你出面调解这件事吧！”

甘地听完兄长的说明以后，回答说：“我不太喜欢你这种方法，你要我从中调解，这是一件很奇怪的事。我和这位英国官员是有很好的交情，可是和你现在的问题毫无关联呀！交情归交情，怎么可以拿交情来办事呢？”

甘地的兄长脸色变得很难看，可是并没说什么，甘地停了一会儿，继续说：“如果你们双方的冲突已经发生了，那就要去找问题的起源。也许错在英国人那一方，那么你不必操心，是非曲直总会水落石出的。如果是我们自己错了，那么就算我去求他，也无济于事呀！”

甘地的语气，显然不想居中协调，不想拉拢兄长和英国官员之间的感情。因此，他的兄长气愤地说：“你太没有人情味了！你还年轻，没看清楚这个社会，现在大家都讲究人情，既然你和那位英国官员有交情，为什么不肯帮哥哥这个忙呢？难道你忍心看我受英国人的欺侮？”

甘地听到这儿，再也不好意思拒绝兄长的要求了，尽管甘地的心里十分不愿意，终究不得不去拜访那位英国官员。

以前，他们是在伦敦认识的，这回，是在印度本土上见面，情况完全不同。当甘地与这位英国官员见面的一刹那，甘地就觉得那位英国官员的态度不一样了。

甘地既然来了，总不能一句话都没说，掉头就走吧！

于是甘地十分客气地把整个事情原原本本地说出来，然后礼貌地说："希望您能谅解，以后还请您多帮助我的兄长！"

本来那位英国官员心里已经很不愉快了，又听到甘地这么说，便生气地吼道："你哥哥根本不是好人！他是个阴谋家、叛徒，我不想再听到他的名字，你还是请回吧！你最好转告你哥哥，假如他还有什么话要说，可以到法官那儿，我和他之间的事，只有寻求法律途径来解决了。"

甘地看他怒气冲冲，心里非常着急，他希望能再说几句话，消除对方的敌意和怒气。

没等甘地开口，那位英国官员就大发脾气，很粗鲁地站起来喊道："叫警卫来！快叫警卫来！"

官邸中的警卫听见了主人的叫喊声，立刻到客厅中集合。

英国官员命令那些警卫说："把这个印度人给我赶出去！马上把他轰出去！"

那些警卫抓住甘地的肩膀，用力地把甘地推到外面，然后狠狠地把门"啪"的一声关起来。

遭到这样屈辱的甘地，回到家以后，立刻写一封信给那位不讲理的英国官员。

信上面写着："你太侮辱我了，竟然叫警卫对我动粗，这是叫人难以忍受的行为，我要求你必须赔罪道歉，否则，我就到法院控告你！"

很快的，英国官员也回信了，信上面写着："我根本没有对你无礼。是你对我无礼。本人是英国驻拉其可得的使节，有权利在大使馆行使我的权利。我要求你离开大使馆，可是你却赖着不走，我才不得不叫警卫请你离开而已，如果你要告我，那是你的自由，我没有理由向你赔罪。"

甘地看了英国官员的回信以后，非常生气，就拿着信去找他的兄长，并且告诉他的兄长事情发生的经过。

由于当初是这位兄长要甘地去找英国官员的，所以发生这样的结果，那位兄长也觉得很难过，就安慰甘地说："既然他敢侮辱你，我们就到法院去告他好了！我也忍不下这口气。"

甘地和他的兄长商量后，决定去找个经验丰富的律师商讨对策。

由于英国人统治着印度，所以印度人受了委屈也只有自认倒霉，像甘地这样，想要控告英国人的例子并不多。因此他们要找一位经验丰富的律师讨论一些问题，像是如何提出控告，如何进行程序，等等。结果好多位律师回答得都很含糊，根本无济于事。

就在这段期间，有一位名叫菲乐夏里·梅达的名律师来到拉其可得。

甘地知道这个消息，非常兴奋，他知道梅达律师在孟买执业，非常有名气。为了请他协助，甘地就找了一位和梅达律师熟悉的朋友，替他们向梅达律师请教对策。

梅达律师听完了这件事发生的经过，语重心长地说："忍耐一点吧！你告诉甘地，他所受到的侮辱，所有的印度人早就领教过了！"

梅达律师接着又说："如果甘地真的要告英国官员，料想法院的判决也会对印度人不利的，这样一来，不仅控告英国官员的目的无法达成，反而会招来更多的麻烦。甘地刚从英国留学回来，再加上年轻气盛，还不明了英国驻印度官员的霸道作风，我劝他不要轻举妄动，还是趁早打消上法院的念头吧！"

甘地知道梅达律师的回答以后，最初也非常讶异，竟然堂堂一位有名的大律师，也会说出这种话。可是冷静地想一想，觉得梅达律师说得很有道理，照目前的状况来看，要告英国人，不但斗不过他们，说不定还会弄得头破血流，或是赔掉人命呢！

英国派驻印度的官员，根本没把印度人当人看，虽然甘地和英国人有交情，也不免受到委屈。

甘地静静地在家中思考这个问题，他脑中不断地浮现一些问题：为什么印度会成为英国的殖民地呢？为什么印度人都任由英国人随意欺凌呢？为什么同样是人，印度人要受到不平等的待遇呢？

甘地又想到自己是个执业律师，为了律师事务所的生意，就无法避免和英国官员打交道，如果想挽回原有的一些交情，或是搞好关系，就得亲自去向英国官员道歉赔罪了。

甘地不想委屈自己，他认为去向英国官员赔罪，实在是太委曲求全了，可是他身旁所有的朋友都劝他说："甘地，你还是趁早去向他道歉吧！我们是惹不起英国人的。"

甘地根本没把人家劝他的话放在心上，他任由这件事拖下去，可是另一件事发生了，那就是甘地律师事务所的生意一落千丈，很明显的，一定是那位英国官员从中捣鬼。

甘地既悲愤又无奈，他辛辛苦苦所创的基业，最后却毁于英国人的手中。此刻，他真正尝到了殖民地人民的不平等待遇了。

南非时期

NANFEI SHIQI

甘地在德班港口观察了一下，很快就发现这儿的印度人，地位非常低贱。

第一次到南非

对甘地而言，律师事务所的受挫，已经严重打击了他的自尊心，并且也影响到他的经济来源了。

甘地想要离开拉其可得，到别的地方去重新开业，他希望赶快找到一个合适的地点，使得律师事务所的收入能补贴自己和家人的生活。

当他正为这个问题伤脑筋时，甘地的大哥很高兴地来找他，一见面就堆满笑容，拿出一封信说：“弟弟，你想不想去南非？”

甘地接过信，把那封信看了一遍，原来有一家公司在南非和别人发生了业务纠纷，希望找到一个能干的律师去打官司。

大哥说：“弟弟，这家公司的负责人是我的好朋友，他要我替他找律师，我看你很合适，你考虑考虑吧！”

甘地本来就希望离开此地，到别的地方开业，这下子听到了这么好的消息，怎么可能放弃呢？于是甘地就说：“我很想去！

带我去见那个公司的负责人吧！”

大哥和阿布多拉公司的负责人亚布德勒先生约好时间，双方见了面。

甘地问亚布德勒：“工作期限多久呢？”亚布德勒说：“一年，待遇是一百零五镑，而且连来回船票都由我们负担。”

甘地说：“嗯，待遇还不错嘛！”

亚布德勒又说：“不过有件事要请你合作，你最好以我们公司职员的名义去，不要以律师的身份，这样比较方便。”

甘地一心一意要离开拉其可得，对于用什么身份就无所谓了。

甘地想到南非去还有两个原因，一个是希望到一个全然陌生的环境去汲取一些新的经验，另外一个原因是，既然公司负担所有吃、住等生活费，他就可以省下一大笔钱寄给哥哥和妻子用了。

甘地经由孟买港搭船横越印度洋，到达南非纳塔耳的德班港。阿布多拉公司负责人的弟弟早就在港口等他了。那个人名叫阿布多拉·谢德。

德班港的吞吐量很大，船只来往又多又频繁，整个港口显得非常忙碌。甘地在港口观察了一下，很快就发现这儿的印度人地位非常低贱。

印度和南非的距离并不近，为什么印度人会离开祖国，移居到非洲的最南端呢？

原因是这样的：

南非的原始居民是称为“班图族”的黑人。十六七世纪的时候，印度洋航线被打通了，如果要到印度洋，就要途经非洲南端的南非。

首先登陆南非的是荷兰人。荷兰人在这里设立殖民地。逐渐的，这些移民来的荷兰人和当地的原始居民通婚，生出荷兰血系的波耳人。

原先大家住在这块南非的土地上，都相安无事。后来南非发现了蕴藏量丰富的金矿和金刚钻矿，这时英国人眼红了，他们想要霸占这些财宝，于是发动战争，很快就占领了南非，把南非变成他们的殖民地。

经过这一次激烈的战争，土著损失惨重，没有多余的人力可以供英国人差遣，于是英国人立刻带进大批的印度苦力。一直到甘地到达南非的那一年，已经达二十万人之多。

也就是说，从一八六〇年到一八九三年，这三十四年之中，印度有二十万人口流向南非。而所有的印度人，都受到不平等的待遇。这也就是甘地受聘到南非为印度人打官司的原因。

阿布多拉·谢德告诉甘地说：“甘地先生，我们要打官司的那个公司，并不在这个地区。”

甘地问：“在哪儿呢？”

阿布多拉·谢德说：“那个公司在邻国的特兰斯瓦尔，所以，你必须前往特兰斯瓦尔的首都普勒多利亚，才能了解真正的状况。”

甘地说：“我既然已经接了这个案子，不管被告在哪儿，我一定会去调查清楚，你放心好了，我下周会到普勒多利亚！”

阿布多拉·谢德很高兴地说：“谢谢你的帮忙。”

甘地对他说：“谢德先生，我想利用这段时间，参观这儿的法院，这样我可以先了解南非的审判作风和习惯，以后对打官司比较有帮助。”

“好呀，”谢德说，“我有几位朋友在法院里工作，我可以请他们带你去法院参观，坐在旁听席看看。”

经过阿布多拉·谢德的安排，甘地果然有机会到南非的法院参观。

甘地身上穿着欧式的大衣，头上缠着印度式的头巾。在印度人的眼中，缠头巾不仅是一种习惯，而且也是一种礼貌。

甘地坐在旁听席上，有个法官走到他面前，很不屑地对甘地说：“喂！把头巾取下来。”

这对甘地而言，简直是奇耻大辱，甘地很生气地对那位法官说：“我办不到！”

法官也生气了，他再下一次命令：“立刻把头巾取下来！”

甘地不愿屈服这种命令，因为依照法庭上的规矩，并没有规定印度人不准戴头巾呀。

甘地和法官争执不下，法官态度非常强硬，甘地也不愿听从这项命令，最后甘地昂首阔步地走出法院，不想再看南非法庭审案的进行。

阿布多拉·谢德追了出来，他一边擦汗一边向甘地解释说：“在南非的印度人，大多是穷苦的工人，常常受英国人的欺侮，就连波耳人也都看不起印度人，这种事已经很久了，见怪不怪，你就别再生气了。”

甘地赌气地说：“既然这样，我就干脆不戴头巾，我改戴英国式的帽子算了。”

阿布多拉·谢德听了赶紧反对说：“甘地先生，你绝对不可以改戴英国式的帽子，假如你的装扮完全变成欧洲人的样子，我们住在南非的同胞一定会以为你已经失去印度人的精神了！”

甘地决定继续戴头巾，并且向当地的报纸投书控诉，说明印度人按照印度的习俗戴头巾是理所当然的事，没有人可以利用职权，要求他把头巾拆下来。

这封投书发表以后，不仅让甘地达到他说明的目的，也使默默无闻的甘地声名大噪。

一星期后，在普勒多利亚的阿布多拉公司派人来通知甘地：“诉讼手续已经办好了！请立刻到此地商量大计。”

不平等的待遇

甘地立刻搭火车，从德班到特兰斯瓦尔的首都普勒多利亚。

晚上九点左右，火车行驶到马里斯堡，列车的服务生走进头等车厢，问甘地说：“先生，已经夜晚了，需不需要一份卧车床位？”

“不必了，谢谢，我自己带了寝具，不必劳驾你！”甘地很客气地说。

服务生刚走，进来一个白人，他一进门看见甘地，最初是惊讶，后来以一副非常傲慢的眼神，从头到脚打量甘地一遍。

那个白人一言不发地走掉，甘地也准备睡觉了。

过了一会儿，那个白人又走进来，后面跟着一个站务员。

站务员气势逼人地走到甘地身边，粗声粗气地命令甘地说：“出去！你不配坐这儿，快滚到货车厢去。”

甘地觉得莫名其妙，他拿出车票给站务员看，并且说：“我买的是头等车厢的票。”

站务员根本不听甘地的解释。他吼着说：“你买哪一种车票并不重要，印度人只配坐货车！”

“可是，我在德班上车时，就被准许坐头等车厢了，我有权利坐到终点站。”甘地面对强悍的站务员，依旧为自己辩解。

“不行！你少在这儿啰唆了，赶快到货车那头，再不走，我要叫警察把你撵出去了。”

“随便你们！反正我是不会到货车厢去的。”甘地说完，连一眼也不再看他们。站务员看到甘地一副不理不睬的样子，生气地掉头就走了。

甘地本以为天下太平了，才不到几分钟，一个警察出现，他没等甘地说半句话，就把甘地强行拉出车厢，同时把甘地的行李也扔到月台上。

“滚到货车车厢去吧！”警察大声斥责。

甘地死也不愿意搭那种货车，因为货车上载了很多牛、羊、猪等牲畜。

“嘟……”火车开了，火车吐着浓浓的黑烟，拖着长长的车厢，缓缓地开走了。

留下甘地一个人愣在月台上。

南非的冬天，尤其是近午夜的时候，简直要把人冻坏了，甘地赶紧走进候车室避寒。

候车室里连灯都没点上，别说是火炉了，甘地在黑暗中冻得发抖，他百感交集，脑海中不断地出现几个问题。

我现在该怎么办呢？我买头等车票，就有资格坐头等车厢，我应该去争取这项权利。还是回到印度去？我回到印度，就会忘掉这儿所受的委屈吗？不！我应该留下来，我要扫除白人对有色人种的歧见。

想了许许多多的事以后，甘地终于想通了，他决心按照计划到普勒多利亚去，为印度的公司打官司。

天一亮，甘地立刻发了两封长途电报给德班的铁路局局长和阿布多拉·谢德，告诉他们，他所受到的不平等待遇。

不久，谢德回电了。电文上说："我们已向铁路局局长提出抗议，铁路局局长对于这件事深感抱歉。他说：'关于强迫你去搭货车的事及警察的所作所为，都是白人乘客的要求，那是无可奈何的。'"

电文上又说："铁路局局长已命令马里斯堡站的站长，安排你的车位，而且我也给那儿的朋友打了电报，请他们好好关照你，祝你旅途愉快！"

甘地收到电文过后不久，果然有几位阿布多拉·谢德的朋友，到车站来接甘地。

甘地把自己的遭遇告诉他们，他们也告诉甘地类似的遭遇，然后异口同声地说："甘地先生，你的遭遇还算好的呢！还有人比你更不幸！”

第二天，甘地决定搭乘马车，他拿着车票走向马车场，准备进入车厢。

马车的英国车长一看到甘地头上包着头巾，就粗鲁地大吼：“你不准上车，这张车票无效！”

“怎么会无效呢？这是绝对有效的全程票呀！”甘地用很流利的英语解释。

“你不必解释了，这不是车票的问题，而是因为你是印度人。”

“印度人又怎么样？”甘地说。

“在座的都是白人，他们不喜欢和印度人坐在同一个车厢，所以你的票根本无效！”英国车长接着说，“如果你愿意坐在马车夫旁边，我就载你一程吧！”

甘地非常愤怒，不过根据上次被丢在火车站月台的经验，甘地心里明白，如果他不坐在车夫旁边，可能又会被丢在这里了。

甘地只好委屈地坐在马车夫的旁边。当他看见那位车长竟然进到车厢里头，坐在原属于他的头等座位上，心中更是愤怒。

这段路是很遥远的，要搭一整天才能到达。到了中午，马车为了休息，就在巴特可稍作停留。

这时候，那位英国车长从车厢中跳了下来，到甘地面前说：“喂！你下来，我要坐你的位置。”

没等甘地有任何反应，英国车长已经把甘地的行李丢到地上，然后指着车夫脚旁的踏板说："你坐那儿吧！"

说完，英国车长就点燃一根烟，自顾自地抽起烟来了。

甘地再也受不了这种屈辱，他大吼着："你剥夺了我的权利，我买了头等车票，应该坐到车厢里的，你却占了我的座位。现在，你只为了要抽烟，就命令我蹲在你的脚跟旁，你这样做，未免太欺侮人了！"

甘地深深吸了一口气，又说："现在，我就要坐到车厢里面，我不再迁就你这种无理的要求。"

说完，甘地就站起来，爬上车厢。

那位英国车长很快冲到甘地面前，挥起拳头，狠狠地揍了甘地一拳，然后又抓住甘地的胳臂，要把甘地从马车上拉下来。甘地拼命地攀住马车的边缘，一点也不放松。

就在这时候，现场挤满了一大堆看热闹的人，那个英国车长就像在表演似的，凶猛地揍着甘地，并且还大骂甘地。

原先没有半个人吭声，后来有两三个白人看不过去，就开口为甘地求情："算了吧！这个印度人说得也很有道理，你就让他进入车厢坐在我的旁边吧！"

那个车长不但不听，反而更凶狠地打甘地，而且还嘲笑那些求情的白人说："印度人怎么可以坐在白人的身边？人家会笑我们没水准的。"

最后车长打累了，就又坐进车厢里，仍叫甘地坐在车夫旁边。

甘地忍受着全身的疼痛，一直默默地祈求着神的保佑，这一段旅程真是充满了辛酸。

到了天黑的时候，马车终于来到史丹拉顿。马车一停下来，就有五六个印度人在车站接甘地。甘地看见自己的同胞，心中才松了一口气，再也没有刚才那么害怕了。

这几位印度人是阿布多拉·谢德先生安排来接甘地的，甘地立刻告诉他们被英国车长欺侮的事，没想到，这些印度人以司空见惯的口吻说：“你还算幸运了，我们都被这些英国车长欺侮得更严重呢！”

甘地心里想，是自己幸运，还是身为印度人的不幸?

马车的车程还有一天，为了不再受到同样的遭遇，甘地就向马车公司的总经理提出说明，请总经理主持公道。那位总经理说：“你放心好了，绝对不会再发生这种事了！”

甘地半信半疑地接受总经理的道歉。

第二天一早，甘地果然如愿地坐在车厢里，平安无事地抵达终点站——约翰内斯堡。

由于天色已晚，甘地叫了一辆马车赶到国际饭店，准备住在大饭店里。

甘地走向柜台要登记住宿时，饭店经理非常不友善地拒绝甘地，说：“很抱歉，我们饭店的房间已经客满了，没有多余的房间。”

甘地不疑有他，立刻请马车开到阿布多拉·谢德的朋友——

卡里的家。卡里先生很热情地招待甘地。

饭后，甘地把去住旅馆的事告诉卡里。

卡里说：“甘地先生，你的想法太天真了，你真以为他们会让印度人住在大饭店吗？”

“为什么？”甘地被搞糊涂了，“难道他们不做生意了吗？”

“甘地先生，如果你在这儿住上四五天，你就会知道了。在南非这个地方，我们印度人是很不容易立足的，为了赚钱，我们只得忍气吞声地过日子。”卡里非常感慨地说。

甘地惊讶地说：“你们为什么不提出抗议呢？”

卡里说：“有呀！可是根本没有效，因为这里是英国人统治的呀！”

甘地问卡里：“你有没有这儿的《铁路规则》？”

“有呀！”卡里到房间里拿了一本《铁路规则》给甘地看。

甘地仔细地一条一条读过，他说：“这本规则上面，并没有提到印度人不准搭头等车厢的规定呀！”

卡里说：“算了吧！规则是规则，真正的问题是发生在火车上呀！”

甘地满怀信心地说：“我已经下定决心了，明天要搭乘头等火车到普勒多利亚去。”

甘地立刻写了一封信，给约翰内斯堡车站的站长，信上说：他是一个印度籍的律师，有急事要到普勒多利亚去，希望能买到头等车厢的票。信上并且特别注明，他要亲自到火车站买票。

甘地在卡里的家里住了一夜，隔天一早，甘地立刻招来一辆马车，到火车站去买票。

甘地的打扮非常整齐，除了头上包着头巾以外，其余的穿着完全是英国绅士的打扮。

甘地走到售票口，向售票员说："请给我一张到普勒多利亚的头等火车票。"

这时，票房内有一位白人走了出来，他自我介绍说："我是这个车站的站长，那封信是你写的吧？"

甘地说："是的！你能把车票卖给我吗？"

站长满脸笑容地说："当然可以！"

甘地对这种答复，有点不敢相信！

站长又说："甘地先生，我是荷兰人，当然会把车票卖给你，但是我不能保证你买头等车票，就能坐头等车厢。"

甘地向站长道谢以后，就到月台去等车，来送他的卡里先生忧心忡忡地说："但愿车上的车长和白人不会找你麻烦，祝你一路平安！"

火车徐徐地开动了。甘地才坐了一会儿，查票员就来了，他一看见印度人，就大发雷霆，他指着后面的三等车厢说："滚到那边去！"

甘地很镇定地把车票拿给他看，说："先生，这是我的票。"

车长大吼："这和票没有关系，滚！你滚到三等车厢去！"

这个时候，车厢内还坐了一位白人，那位白人心地很好，他看不惯这位车长的作风，就说："这个印度人既然买了头等车票，就让他坐这儿吧！难道他犯了什么错吗？"

车长听了，很不高兴地说："难道你的脑筋有问题？你竟然愿意和一个印度人坐在一起？"

车长说完，掉头就走，根本不愿意在这个车厢多待一会儿。

甘地的心里觉得很温暖，他觉得这个仗义执言的白人是位真正的绅士。

晚上八点左右，火车抵达普勒多利亚。

甘地担心如果投宿大饭店，又会发生上次的事情，就向售票员询问哪里有供印度人住宿的地方。这时候正巧有一个美国黑人经过，听见了甘地的问话，就热心地说："你跟我来，我带你到我住的饭店去，那家饭店是美国人经营的呢！"

于是甘地跟着黑人到一家名叫"约翰城"的饭店，饭店经理马上为甘地安排了房间，并且说："欢迎您光临。先生！您是印度人吗？"

甘地点点头说："是的！我是印度人。"

经理很有礼貌地说："先生，我有一个小小的要求，希望您能合作。能否请您在房间里用餐，不要到大餐厅去。虽然我们美国人对种族没有偏见，可是我不能保证其他客人都没意见。希望您能原谅。”

甘地说：“有住的地方，我已经很满足了，至于在哪里吃饭，这倒是无所谓。”

甘地进入房间，等服务生送餐点来。一会儿，有人在敲门，甘地心想，一定是服务生送晚餐来，没想到竟然是饭店经理走进来。经理看着甘地，很诚恳地说：“先生，我是来向您道歉的！”

甘地有些惊讶。

经理说：“刚才我说要您在房间里用餐，后来我在餐厅向别的客人提到您的事，他们都很热情地邀请您与他们共进晚餐，我特地来请您到餐厅去尽情享受餐点的！”

甘地听到这些话以后，高兴地说：“想不到白人里头还有许多善良的人呢！”

于是甘地高兴地到餐厅去，享受了一顿美味可口的晚餐。

第二天早上，甘地去拜访一位美国籍的律师拜克，向他请教有关阿布多拉商会裁判的问题。

拜克是一位虔诚的基督教徒，没有种族歧视的偏见，他很亲切地回答甘地的问题，并且还很热心地替甘地找了一间住所。

甘地有了固定的住所，马上动手调查阿布多拉公司委托给他办的案子。他了解整个案子后，发现这绝对不是短时间可以完成的，需要长时间的调查，才能解决问题。

在这段时间，甘地希望能改善印度人在南非的地位。因为他从坐火车、住旅馆等小事，已经发现印度人在南非受到歧视的状况。

首先，甘地去拜访阿布多拉的亲戚。他名叫崔普·姆哈麻多，在普勒多利亚有很大的势力。甘地相信，只要这个人愿意出面帮忙，一定能够解决很多事情的。

借着崔普·姆哈麻多的力量，真的召集了不少印度侨民。大家聚集在一起，听甘地的演讲。

这是甘地有生以来的第一次演讲。

甘地说："各位同胞，我们每个人的心里，都非常清楚，在南非的印度人，是如何受到歧视和虐待的。"

全场的人都屏气凝神地听讲。

甘地说："要想解决这个不公平的问题，我想到三个好办法，但是都要从本身做起。第一点，我们应该辛勤地、诚实地工作，把我们印度人的实力，充分显示给白人看。第二点，我们必须改正我们不注重卫生的坏习惯，让白人愿意接近我们，和我们交朋友。第三点，当我们遭受屈辱的时候，我们应该鼓起勇气，向特兰斯瓦尔政府抗议，不能老是逆来顺受，我们要让他们明了真相，为所有的印度侨民解决问题。"

由于甘地事先有充分的准备，所以虽然是第一次演说，演讲的效果还挺令人满意。甘地提出的三项办法，都受到大家的赞成和支持。

慢慢的，印度侨民也就喜欢这样的聚会，后来就决定每个星期开一次演讲会。甘地借着这样的机会，和更多的印度侨民接触，也知道了更多在普勒多利亚的印度人生活的情形。

甘地写了一封抗议书给铁路局。信中提到，印度人搭乘火车受到了差别待遇，不但不能坐在头等车厢，还时常被火车上的服务员欺侮。

信寄出去后不久，铁路局很快就有回音来。信上说："只要服装整齐，不管是哪一国的人，都可以买到头等车票。"

这种答复简直太不负责任了。什么是"服装整齐"？一个印度人穿着最整齐的印度服装，白人可能认为那是不整齐的衣服，不准他购买头等车票。

这时候，甘地又发现，特兰斯瓦尔议会正在研究一项新法案，叫作"人头税法案"。他们想利用这个法案，控制印度人。

这个法案有四项规定：一、在特兰斯瓦尔的印度人，每个人必须缴三镑税金。二、印度人不能拥有自己的土地，连租地耕种都不准。三、印度人没有选举权。四、印度人不准走在大马路上，晚上九点以后，没有警察许可，也不准外出。

这个法案令所有印度人走投无路，但是议会却通过了。这样一来，印度人就陷入更悲惨的困境中。

甘地由于工作关系，经常要很晚回家，这违背了法案中的"晚上九点以后，必须经警察的许可才可以外出"的规定。阿布多拉商会的顾问克兹先生非常担心甘地的安全，特别带着甘地去找当地的检察官克劳斯博士，请他帮忙解决。

没想到克劳斯博士就是甘地在英国求学时的学长。他对于甘地的苦衷非常同情，立刻签署一张外出不受限制的文件给甘地，当作通行证。

有了检察官签署的文件，甘地就可以放心地晚归了。

可是有一天，甘地却发生了意外。

那天，甘地从特兰斯瓦尔大总领的官邸前面经过，有个波耳人警官，一声不响地朝他走来，一脚把他踢到马路外面。

甘地忍痛爬起来，准备找这个无礼的警察理论。

这个时候，克兹先生正好路过那里。他说："甘地先生，刚才的那一幕我都看见了，如果你想控告那个警官的话，我愿意当见证人。"

甘地站起来，拍拍身上的灰尘，对克兹先生说："谢谢你的关心，但是我不想控告他。"

甘地看了那凶狠的警官一眼，然后说："这不是警官的错，而是法律有这样的规定，要根本解决的话，只有修改法律了。"

克兹看甘地不想控告那位警官，就走到警官身旁，用荷兰话不晓得说了些什么。

一会儿，那位警官也用荷兰话跟甘地说了一些话，从他的表情来看，很明显的，是在向甘地道歉。

经过这件事以后，甘地再也不走这条路。甘地知道，官邸前的警卫经常轮班，即使这位波耳人警官不再找他的麻烦，可是其他警察还是会找他麻烦的。

自从被警察踢伤后，甘地对移居南非的印度人就更加同情了。

因为连他这样有高级律师资格的人，都要遭受这么多不公平的待遇，那些没有财产、身份的劳工及农民，恐怕会遭到更残忍和不人道的虐待了。

成立印侨大会

甘地把阿布多拉公司的法律纠纷圆满解决了。按照原订的计划，他要回到印度去了。

阿布多拉·谢德先生为了感谢甘地为阿布多拉公司赢了一场官司，所以举行饯别会为他送行。

当饯别会到最高潮的时候，甘地看到地上有一张报纸，他顺手捡起来一看，上面正印着“印度人选举权”这样的大标题字。甘地立刻仔细地阅读。

报纸上写的是：当地政府正提出法案，要免除印度侨民对于纳塔耳国会议员的投票权。

甘地的震惊非同小可，他立刻问谢德先生：“纳塔耳什么时候开始审议这种选举权的问题？”

谢德先生说：“这个我倒是没注意到，政治的问题，我通常不太关心，只有跟我们生意有直接关系的，我才会去注意。”

甘地本来要保持沉默，撒手不管的，因为再过几天，他就要搭船回印度了。但是他还是忍不住发表了自己的一点意见。

甘地说："万一这个议案通过了，就成为法律上的正式条文，以后他们要赶走印度人，就有了依据，到那时候，我们印度人在南非就愈来愈难过日子了。"

甘地刚说完这些话，立刻有一个比较激动的同胞焦急地问："这岂不是和我们印度人的生死有密切的关系吗？甘地先生，我们现在该怎么办？"

经过这个人一说，整个饯别会的人群立刻七嘴八舌，大家都跟着讨论起这个问题，然后异口同声地说："甘地先生，求求你延期回印度，留下来领导我们，发动抗议。"

"对！只要有你的领导，我们一定同心协力，发起反对运动，来争取这项权利。"

甘地看到自己的同胞那么需要他的协助，实在不忍心丢下他们，自个儿回到印度去，因此，他说："好吧！我再待一个月，和各位一起争取权利。"

到底要怎样展开抗议行动呢？甘地的第一个步骤是，拍电报给纳塔耳国会的议长以及总理大臣，请求他们暂缓这项法律案的审议。接着，他发动整个印度侨民的联合签名运动，这是一件相当艰巨的工作。因为对于政治完全陌生的印度人，甘地及其他工作人员，必须费尽苦心，向他们详加解说，直到他们完全了解情况，愿意签名为止。有的印度人不认识字，连自己的名字都不会写，甘地还得教他们写名字。

虽然这是件相当困难的工作，但是由于大家分工合作，所以甘地及工作人员的足迹很快踏遍纳塔耳的大乡小镇。

就这样，甘地完成了一万多人的签名。他们将这一份一万多人的署名签字和请愿书送到国会，并且复印了一千份，到处发送。

为了使印度本国的人民也能彻底了解这件事，甘地也将请愿书和签名文件送到各报社及通讯社，希望借着这些大众传播的力量，达到宣传的目的。

《印度时报》是在印度发行量最大的一份报纸。他们以“在纳塔耳印度人的大问题”为大标题，报道了印侨在南非抗议运动的前因后果。甚至连英国的《伦敦时报》也表示对这个运动的支持。

《伦敦时报》是当时被公认为世界代言人的报纸，能够得到这家报社的言论支持，对于甘地发起的这项抗议行动，提供了非常有力的支援。

甘地很自信地对朋友说：“照这种情况看来，这个取消印度人选举权的法案，可能会被否决掉。”

甘地原先只预定多待一个月，可是一个月很快过去了，甘地似乎无法分身，再加上印度侨民一个个恳求甘地说：“甘地先生，我们只依靠你一个人呀！”

也有人要求说："甘地先生，请你和我们一起在南非住下来吧！你住下来帮助我们。"

就这样，甘地决定再把回国的日期延后，但绝对想不到的是，为了等这项运动结束才回国，甘地竟然在南非住了二十年。

甘地和其他伙伴寄出给国会议长和总理大臣的陈情书后，一直没有产生直接的效果，可是间接的，却对英国殖民地的政策问题，造成相当大的影响。

为了扩大工作效果，他们决定设立一个长期性的组织，因此就在一八九四年五月二十二日，在德班正式成立"纳塔耳印侨大会"，作为长期为印侨利益服务的永久性组织。

参加这个印侨大会组织的人，都是打算在纳塔耳永久居住的人，其中大部分是知识分子，至于靠劳力工作，或和当地主人有契约期限的劳工，就没有人参加了。

契约劳工被打伤了

在纳塔耳印侨大会成立以后，契约劳工虽然没有加入，但是成立后的三个月，有一个契约劳工满身伤痕，跑到甘地的宿舍来。

“请救救我！”

那个契约劳工痛苦地哀求着，他的衬衫被撕裂得破烂不堪，头巾也松掉了，而且前齿被打断了两颗，满脸血迹。

甘地很着急地问他：“谁把你打成这个样子？”

那位契约劳工回答说：“是我的雇主打的！我名叫巴拉森拉拉姆，我从印度的南部到南非来工作，我只不过犯了一点小错，我的雇主就把我打得牙断血流，甘地先生，请你出面救救我吧！”

甘地把受伤的巴拉森拉拉姆，带到医院去诊疗，并且开了一张诊断书。

接着，甘地去拜访治安推事，告诉他这件事，请他处理。治安推事立刻传讯了那位打人的雇主。

甘地并不想让那位雇主受到法律的制裁，他只希望利用这次机会，提早解约，让巴拉森拉拉姆恢复自由之身。

甘地为了处理整件事，就把有关雇主和契约劳工的契约书拿来研究。甘地从契约中，发现一个极不合理的现象，就是雇主可以任意处罚劳工，如果劳工稍有怠慢，就可能被关起来，这种不公平的契约，简直把印度劳工当作奴隶一样。如果按照契约上的规定，那个雇主根本不必负法律责任。

可是甘地不理会契约的事，他很严厉地对雇主说："我是巴拉森拉拉姆的诉讼代理，你把他殴打成伤，让他无法工作，本来我可以控告你的，但是只要你答应取消这个契约，还给他自由，我就不提出诉讼，你认为怎样？"

这位雇主好像很害怕卷入诉讼案件，所以一听完甘地的话，立刻就答应了甘地的要求，取消原订的契约，恢复了巴拉森拉拉姆的自由。

很快的，巴拉森拉拉姆又找到了一个新工作，这件事算是圆满解决了。

这件纠纷传开后，大家对甘地都很敬佩。此外这件事给印度侨民很大的信心，那就是：只要辛勤工作，诚实做人，即使是一个契约劳工，也不容许受到虐待。

渐渐的，这些劳工也对纳塔耳印侨大会有了兴趣，纷纷加入这个组织。因此这个组织日益扩大，也更积极地展开强有力的活

动。

就在印侨大会日益茁壮成长的期间，发生了一件比选举权问题更棘手的事，就是所谓的“二十五镑税法案”。

二十五镑税法案的主要内容有：

一、合约期满的契约劳工，必须立刻回印度去。

二、如果不愿意回国，也不续订契约的印度人，每年每名必须缴二十五镑的税金。

这时候在纳塔耳的印度劳工，平均一个月的工资才十四先令，一年总共才有八镑。

要年收入八镑的印度劳工，缴出二十五镑的重税，就是不吃不喝也付不出来，这简直是要逼印度人走向绝路呀！

于是印侨大会又举行抗议活动，他们马不停蹄地奔波忙碌。最后，这个二十五镑税法，被印度总督改成每年三镑。

原先以为这是一大胜利，因为从二十五镑降成三镑，于是这个法案就被通过了。

其实印度侨民都被骗了，因为所谓的“缴三镑”，是每人缴三镑，连没有劳动能力的小孩也算在内。换句话说，一个劳工有妻子和三个小孩，那么一年就得缴十五镑。

法案已经制定了，再反对也无济于事，只是甘地仍旧不死心地大做文章，发表许多论文，来抨击这件事的不公平。

回印度宣传南非的苦难

一八九六年六月，也就是甘地到南非三年后，甘地首次回到印度。甘地回印度的原因，并不是要放弃南非，相反的，他是要回国接妻子和两个儿子到南非居住。

甘地希望把妻儿接到南非同住，这样他就更能专心地为印度侨民工作。

当然他回印度还有一个主要的因素，那就是，他要让居住在印度本土的印度人，知道南非的印度侨民在做什么。

甘地回印度以后，就将南非侨民如何受到当地土著和英国人欺诈的事实，写成一本小册子。甘地把这本小册子印了一万份左右，然后分别送到各报刊和政界人士的手里。

这是甘地所写的第一本书，他用蓝色的封面装订，后来就称它为“蓝皮小册”。

甘地共发行了一万份蓝皮小册，一万份好像不多，但是要想送给一万个不同的人或报社，就非常困难了。甘地请不起助手，于是就请附近的小孩帮忙。

甘地对很多小孩子说：“我想把这本写南非印度侨民的故事的小册子发送出去，你们愿意帮我做信封，或者写名字和地址吗？”

那些孩子却提出条件，他们说：“真的是南非的事吗？你能讲南非的故事给我们听吗？”

甘地说：“当然可以呀！”

那些孩子就在甘地说故事当中，很快地把寄发蓝皮小册的工作完成了。

寄出去的蓝皮小册，得到各种不同的反应。其中有一家《先驱》杂志，还做大篇幅的报道。英国的通讯社也无法再保持沉默，他们就把蓝皮小册的内容要点摘录下来，通知英国伦敦，再辗转送到纳塔耳。

蓝皮小册发送完以后，甘地就从拉其可得到孟买去了。

到了孟买，甘地会见了一位大政治家洛雷萨·麦答。大家都称他是“孟买之狮”，也就是无冕帝王的意思。

洛雷萨·麦答听了甘地的计划和理想后，他告诉甘地：“甘地，你做的事非常有意义，我会全力帮助你！”

洛雷萨·麦答替甘地安排了许多场演说会。

甘地到处去演讲，其中在杰罕基纪念堂的那次演讲，最让甘地满意。

那天会场里挤得水泄不通，当甘地站到台上，看见那么多的听众热心地来听演讲，竟然激动得说不出话来。最后，他只好掏出演讲稿，请华察先生代为宣读。华察先生读完演讲稿以后，掌声如雷，久久不息，甘地知道已经有许多人在关心南非印侨的事了。

离开孟买以后，甘地又到普那去。他在普那拜见了当地的爱国政治家巴鲁·契拉克。这位爱国的政治家对甘地说："甘地先生，久仰了，关于演讲的事，我建议你最好找中立人士来协助你。因为这儿有两个政党，如果能请到中立派的葛卡列教授，我相信他对你必有帮助。"

巴鲁·契拉克立刻写了一封介绍信给甘地。

甘地拿了介绍信，立刻赶到普那大学拜访葛卡列教授。

葛卡列教授和甘地同样是二十七岁，这位年轻的教授就是日后参加创立国民大会，为印度独立自由而奋斗的大政治家。

葛卡列教授一看到甘地，就热情欢迎他，并且答应帮助甘地安排演讲的场地。甘地立刻被葛卡列热情的性格吸引住了。

甘地的这次旅行演讲，认识了许多举足轻重的政治领袖，这些人都具有高贵的情操，深深地影响了甘地。

甘地认为：洛雷萨·麦答就如同喜马拉雅山一样，巍巍地矗立着，给人一种宁静、和睦，肃然起敬的感觉。

契拉克则如同印度洋，给人一种广大无边，无法捉摸的感觉。

葛卡列像恒河一样绵延平静，使人喜欢去亲近他。

最后，甘地来到马德拉斯城演讲，这个地方，正是那位被打伤的契约劳工巴拉森拉拉姆的家乡，因为他被甘地拯救的故事，早就被传颂着，所以有很多人争着来目睹甘地的风采，而甘地带来的蓝皮小册也一下子就被抢购一空。

甘地本来还想继续到各地去演讲，可是当他抵达加尔各答的时候，接到了德班的印侨大会拍来的电报。

电报上写着："紧急事件，速回德班。"电文中并没有说明发生了什么事。

依照甘地的判断，电报那么急，一定是德班的印度人发生了难以解决的事。

因此，甘地立刻中止在加尔各答的工作，带着妻儿火速赶到南非去。

提倡不合作运动

TICHANG BUHEZUO YUNDONG

甘地说：哪怕因为不服从而受到惩罚，我们也绝对不以暴力来反抗。

波耳战争

甘地一抵达南非，立刻赶到德班探听消息，原来是住在南非的印度人，因为受不了白人的欺侮，才发电报向甘地求救的。

在德班，甘地将妻儿的生活安顿好，就开始处理印侨大会的工作，虽然工作非常忙碌，并且常受到挫折，但是有妻儿在身旁，甘地就觉得很温暖，生活也过得安定祥和。

过了两年，也就是一八九九年，南非发生了波耳战争。所谓的波耳战争，就是波耳人反抗英国人。波耳人是最早移民到南非的荷兰人后裔，他们也经常遭受英国人的欺凌，最后忍无可忍起来反抗，而发生了暴力事件。

在南非，波耳人和印度人都同样是受压迫的民族，因此波耳战争发生以后，所有的印度人都从心底深深同情波耳人。

同情归同情，甘地的想法和别人不同，他虽然同情波耳人，但是却要为印度侨民本身的利益着想。他对印度侨民说："各位同胞，我很了解大家心中的感觉，我们都同情波耳人，可是却要把这种心情藏起来，大家都很明白，我们的生活完全仰赖英国人，如果我们想好好地在南非生活下去，就必须把我们的心意展现给英国人看！”

甘地说到这儿，所有的印度人都瞪大眼睛，不知道甘地为何会有这些想法。

甘地又说：“我们想要和英国人站在同等的地位，唯一的法子，就是加入英国军队。虽然这样做已经违背了我们的良知，但是为了我们的将来，我们必须这样做！”

听甘地这样一说，整个会场都掀起了反对的声浪，甘地要帮着英国人打仗，这实在太荒谬。

但是从甘地的计划来看，这的确是为长远打算的一步好棋，因为这样一来，英国人就会对印度人刮目相看。

甘地不断地向印度侨民解释说明，终于赢得他们的谅解，答应加入英国军队。

甘地就把印度侨民编组为救护队，帮忙运送负伤的英国士兵。

可是在英国人的眼中，印度人都是脏乱、无知和胆小的，所以对于印度人组成的救护队，不但不感激，反而抱着非常冷漠的态度，好像这些印度人根本没办法帮他们的忙一样。但是不久后，英国的军队尝到苦头，他们在战争中，遭到猛烈的攻击，节节败退，受伤的士兵愈来愈多，原来的救护队不够使用。到这个时候，英国军队才接受了印度人的帮助，印度救护队除了担任救护工作以外，还替英国军队做了很多事。

救护队是由八百个契约劳工和三百个印度平民组成的。他们受红十字会的指挥，在作战以外的区域，进行救护工作，但是有时候仍然会面临很大的危险。

例如，当英国军队在史可坡翁科布战败的时候，英国司令官布拉将军请求印度兵上战场，直接抢救英国受伤的士兵。

那时，在枪林弹雨中抢救受伤的士兵是非常危险的，稍微一不小心，连自己的性命都保不住呢。但是印度的救护人员，始终不退却地勇往直前，热心工作。

有时候，他们为了救一个英国士兵，必须用担架将受伤的英国士兵，抬到七八里以外的地方去医治，有时甚至要抬到二十五里路以外的大医院。

印度救护队的勇敢与热诚，经过战地记者报道后，被传开来，这种勇敢的表现，成为报纸上的热门新闻。也因为这样，使得英国人对印度人的观感，渐渐有了改善。

不久以后，英国军队包围了波耳人的军队，双方展开持久战，受伤的人数逐渐减少了，所以印度的救护队也就解散了。

布拉将军非常感谢印度救护队的支援，特别表扬了印度救护队，并且还为其中表现最杰出的三十七位人员佩戴勋章。

在波耳战争中，由于印度人和英国人站在同一阵线上，减少

了英国人许多困扰，所以英国人对印度人的看法改变了，他们的态度也变得很和善。

不过，想要把全英国人根深蒂固的观念整个改变过来，可就没那么容易了。

但是还有一项预想不到的结果，那就是由于这次的参战，在南非的印度人，彼此之间更熟悉，也更能和平相处了。

原先，印度人对宗教和地域性的成见很深，例如印度教徒和伊斯兰教徒，见了面是不打招呼的，组成救护队以后，他们都很和气地和别人打招呼。甚至连北印度人和南印度人，也都不分彼此地打成一片。

大家深深地体会到，无论是信仰哪一种宗教，来自何地，大家都是同一祖国的好兄弟。

印度救护队解散以后不久，波耳战争也就结束了，南非也暂时恢复了平静。

就在这段期间，甘地接到印度来的消息，他上次归国认识的朋友，无论如何，要他回去一趟，于是甘地决定回到国内。

当印侨大会的人知道了这个消息以后，都面露愁容，焦急地请求甘地留下来。他们说：

“甘地先生，请你不要走，你不能丢下我们不管呀！”

“甘地先生，请留下来继续领导我们吧！我们需要你。”

甘地被请求的人群包围住了，但是甘地非常和蔼地开导他们说：“各位，我并不是要舍弃你们，要解决问题，光是待在南非是不够的，我们必须知道祖国的实际情况，以及更要了解我们的统治者——英国的情况。只有在完全知道对方的策略以后，我们才可以提出最上乘的谋略。我这次回印度，就是想了解实际的情况。”

听完甘地的解释后，印侨仍依依不舍地说：“如果这里发生了什么大问题，请你务必尽快赶回来援助我们。”

甘地要回国了，伙伴们为他举行了许多场惜别会，一些富有的商人还送甘地很多昂贵的礼物，像金首饰、镶钻手镯等等，有的也送甘地酬劳金，甘地一再推辞，但是盛情难却，只得暂时收下来。

甘地收下这些礼物以后，立刻以印侨大会的名义，将这些礼物存进银行，留给急需用钱的印侨使用。因为他们可以拿这些首饰当作抵押品，向银行贷款，借钱来用。

甘地的这种做法，更证明了他服务社会、不求报酬的伟大情操。

出席印度国民大会

甘地回到印度后，为了了解国内的情势，他就到各地去旅行，并且还到加尔各答参加一九〇一年的印度国民大会。

印度国民大会是英国总督为了听取印度的民意而成立的组织，这是印度人唯一能发表政治观感的地方。虽然没有推翻政府决议的力量，但多少有点影响力。

甘地出席印度国民大会的目的，是想在国民大会中，报告南非印度侨民的实况，并且提出请求援助的决议案，希望国人对于南非的侨民能加以同情，并伸出他们的援手。

当甘地来到国民大会的会场时，却被会场脏乱的情况吓住了。

整个会场脏乱不堪，到处是垃圾和排泄物，只见苍蝇在那边肆意飞绕，然而出席会议的代表和听众，竟然对脏乱的情形，视若无睹。

甘地到大会的本部去，找负责会场的人商量，希望他们能将整个会场整理干净，最起码也应该保持整洁。

甘地找到了办事员，却遭到办事员的白眼说：“什么清洁工作，那不关我的事！那是奴隶做的事。”

甘地看那个人摆出一副不屑的样子，觉得很失望。

但是，他知道这是种姓制度的歧见，在印度这个地方，清扫垃圾、打扫厕所，都是属于首陀罗阶级的人做的事。

出席国民大会的人，大部分都是刹帝利以及吠舍身份的人，他们都不愿意做奴隶的工作。

谁也没想到，这么脏乱的地方，万一发生了传染病，事情就难收拾了。甘地觉得这种落伍观念，早就应该改正了。

甘地跟办事员说：“你把打扫的工具借给我吧！”

那个办事员瞪大眼睛，把打扫工具拿给了他。

甘地拿了工具，把会场扫得干干净净，很多人都觉得不可思议。

甘地一直希望能在大会上提出“南非洲印度人问题”的议案，可是却不知道该在哪个时候提出来比较妥当，因为整个会议，几乎都在讨论那些有名气的人所提出的议决案，使得甘地无从插嘴。

直到有一天晚上，葛卡列教授介绍甘地给大家认识，甘地终于有机会站到台上，于是他把握机会提出自己的意见。

甘地的话还没说完呢！台下就发出声音说：“没有异议！赞成！赞成！”甘地所提出的议案就这样通过了。

离开国民大会的会场，甘地想要回到拉其可得，在半途中，甘地经过孟买，出乎意料的，葛卡列教授竟然在孟买等着他。

葛卡列教授对甘地说："甘地先生，对于你的想法、计划和你一向的作风，我非常佩服。我希望你能够来参加我们的组织，你就在孟买住下来，协助我处理国民大会的事情，好不好？"

甘地很直接地说："你对我的器重，我非常感激，其实我也很想助你一臂之力，帮着你处理国民大会的事情，但是大会本身有太多的缺点，我实在不太满意！"

葛卡列很认真地请教甘地的意见。甘地说："我很赞成利用国民大会，促成印度的自治，但是这次出席印度国民大会的代表们，到现在还在计较宗教、种姓的差别，不合作、不团结。如果英国人以这种情况为借口，认为印度人还没有能力治理国家，那么，我们就永远没有独立自由的一天了。"

葛卡列教授很有同感地点点头，诚恳地告诉甘地说："甘地先生，留下来吧！我们正需要你这种有深入看法的人，有你这样的伙伴，我们的国民大会一定会更好。"

葛卡列教授希望把甘地留下来，所以费尽唇舌，想说服甘地。可是甘地拒绝了他的好意，回到故乡拉其可得。

拉其可得的前辈和好朋友们都劝甘地到孟买去，不要留在拉其可得这种小地方。最后，甘地决定还是去孟买，开律师事务所。

甘地在孟买创办的律师事务所，很顺利地展开了工作。

第三次去南非

甘地在孟买执业的律师事务所业务一直很不错，可是才过了一年，也就是一九〇二年十二月，甘地接到一封从德班发来的电报。

电文是："英国的谦巴伦殖民使臣，日内将访南非洲，请速回德班。——纳塔耳的印侨大会。"

甘地的心里有点矛盾，因为好不容易才安定下来，在孟买当律师，现在又得去南非。可是去南非是甘地和当地印侨同胞的约定，他答应过南非的印度侨民，只要南非有特殊状况，需要他去，他就会立刻起程。因此，甘地用尽苦心，说服了哥哥以及激烈反对的妻子，立刻展开第三次南非之行。

甘地独自一个人到德班去，立刻和印侨大会的伙伴们联络，然后商讨谦巴伦使臣来访的事情，并且写好一份陈情书的草稿。

陈情书的内容，是希望能消除纳塔耳印度人的差别待遇。

谦巴伦使臣真的如期来到南非，甘地他们一伙人也按照约定，去晋见了谦巴伦使臣。他们送上陈情书以后，谦巴伦立刻看了一遍，然后以很平淡的口吻说：“各位陈情的事情，我已经非常明了了！”

接着他又说：“不过各位也知道，我们英国政府，对于自治殖民地的问题，一直都抱着不干涉的态度，所以自治殖民地之一的纳塔耳，怎么样对待印度人，我们政府是无权干涉的。但是我会尽我的能力来协助，代为解决各位的问题，不过，我希望各位不要随便发起反叛的暴动。”

访问过德班之后，谦巴伦使臣便到特兰斯瓦尔去了。

特兰斯瓦尔的印度人知道这个消息后，都一致希望甘地能到普勒多利亚来做同样的陈情。

甘地利用很多关系，才来到普勒多利亚，他接受了当地印度侨民的请求，也拟好一份陈情书，然后要晋见谦巴伦使臣。

可惜这回就没有上回那么顺利了，谦巴伦使臣要他们先把晋见的名单送去。

过了两三天以后，纳塔耳政府的移民局来了一封快信，信上说：“代表团中的甘地律师，上回在德班陈情时，已见过面，所以不能再参加此次的陈情。”

甘地遭到这样的拒绝，自然不便再出面，只得让当地的其他印度侨民代表自己去陈情。不出所料，得到的答复，竟然和德班的相同，谦巴伦使臣根本没把这些印度侨民的问题当一回事。

代表团的团员非常不满意这样的答案，于是责怪甘地说："甘地先生，在上次波耳战争中，我们都听你的话，去帮英国人作战，可是今天他们却这么漠视我们，根本没把我们放在眼里嘛！"

甘地很婉转地告诉大家说："你们的心情我很明了，但是我始终认为，我们去当救护队，帮助英国军队打仗的事是对的。因为这不是立竿见影的事，不会立刻产生效果！我相信好心有好报，各位的努力不会白费的！"

代表团的人根本不肯相信甘地的解释。甘地又说："我们和谦巴伦使臣交涉的这件事，所得到的答案虽然很让我们失望，可是这件事已经过去，我们应该另外拟订计划，展开新的活动才是。各位！我考虑留在特兰斯瓦尔展开活动，你们赞成吗？"

所有在场的人，都立刻高声欢呼，赞成甘地要留在特兰斯瓦尔的计划。甘地立刻筹备在约翰内斯堡开设律师事务所。

过了不久，甘地在约翰内斯堡的律师事务所开业了，并且很快生意就源源不断地上门来。

约翰内斯堡是个著名的黄金城，英国人在这儿开设很多采金矿的公司，使得英国人个个神气活现，印度人就更加微不足道了。

移民局的官员，原先对有色人种说话非常不讲理，尤其是对印度人，更是找尽了理由，想尽办法来欺侮。甘地的律师事务所为了要惩治这些移民局的官员，于是展开了搜集证据的工作，对官员提出控告。

可惜法院偏袒他们自己的属下，英国法官判定甘地控告无效，移民局官员无罪。

但是这种案例，在当地太受瞩目了，大家一起以舆论攻击，迫使移民局的官员受到撤职的处分。从此，果然收到了“杀鸡儆猴”的效果，移民局的官员再也不敢这么嚣张了。

从此以后，甘地律师事务所声名远播，到事务所来央请他办事的人愈来愈多，甘地的收入愈来愈丰富，可是他却把整个收入的大半，捐出来办周刊。

他办的周刊名叫《印度民意》，有英文版和印度文版两种。英文版是为了给英国人看的，让他们了解印度人生活的痛苦。印度文版当然是给印度人看的，借着文字的传播力量，让他们知道民族的重要性，激发大家的民族自觉。

甘地从《印度民意》周刊创刊以来，每一期都在周刊上发表一篇论文，探讨在南非的印度人的一些状况，并且呼吁广大的读者，如果想要享受和白种人同样的待遇，必须要彻底消除印度教徒和回教徒的对立，以及重视公共卫生等等。

把握真理协会

甘地认真地办周刊、写论文。在特兰斯瓦尔的印度人是不是就受到尊重了呢？他们的生活情况，是不是已经得到改善呢？

答案是令人失望的。

尤其到一九〇六年，情况更是恶劣。造成这种状况的是一项“新亚洲法案”。

在一九〇六年八月，特兰斯瓦尔会议通过了“新亚洲法案”，法案规定在特兰斯瓦尔的印度人，从八岁以上的小孩到成人，都必须到移民局去领取证明书。在登记时，要提供过去的许可证，并且登记卡上，必须写清楚族别、年龄、住址、籍贯等等。然后在上面注明这个人的脸形，以及脸上的特征，或是受伤的疤痕，就连牙齿有缺失的情况，也要详细登记，最令人气愤的是，最后要加盖十个指头的指纹。

假如印度人不在规定的时间内登记的话，将会被当作犯人一样逮捕入狱，或是被驱逐离开特兰斯瓦尔，送回印度，任何人都不能反抗。

“新亚洲法案”还规定，警察可以随时在路上检查正在行走的印度人，看看他有没有证明书，同时，也可以任意到印度人的家中去检查。

甘地非常气愤，他回到约翰内斯堡以后，立刻召集同志，向大家详细说明“新亚洲法案”的内容。大家听完以后，也都十分震惊，认为那简直是不近人道的法案。经过大家不断讨论，最后一致决议，要在九月十一日召集所有住在约翰内斯堡的印度人，举行一次集会。

在集会中，所有的人都提出各种不同的意见，其中有两个意见被大家所赞成：一个是开始搜集武器，准备采取武力抗暴的行动；另一个是全体印度人离开南非。

可是甘地却坚决反对：“如果要以暴力来反抗的话，英国人必定会因此而加强对印度人的登记制度，这不正是合了他们的口味？那么我们不是白白牺牲许多性命吗？至于说全体印度人离开南非，那简直是一种空谈而已。”

接着甘地向大家提出一个构想已久的新方法，那就是“非暴力抵抗运动”。甘地解释说：虽然英国方面决定了新的亚洲法，但是我们可以采取不服从的态度，哪怕因为不服从而受到惩罚，我们也绝对不以暴力来反抗。

这种“非暴力抵抗运动”绝对不是十人、二十人所能发生具体效果的。至少也得有上千人、上万人，甚至更多的印度人都参加这个“非暴力抵抗运动”，才会使得特兰斯瓦尔政府头痛。

甘地利用《印度民意周刊》，征求对这项运动的命名，经过众人的参选，决定正式命名为把握真理运动。

许多人对甘地说：“太好了，我们以后要牢牢抓住这个真理，和新亚洲法对抗！”

大家商量的结果，又把“特兰斯瓦尔印侨大会”改名为把握真理协会，然后以约翰内斯堡为中心，迅速在整个特兰斯瓦尔城展开工作。

新亚洲法被公布要在一九〇七年的七月开始实施。特兰斯瓦尔政府特别规定，到七月底以前，所有的印度侨民，只要年纪满八岁，都要前往移民局去登记。

七月一日，南非政府设立了一个登记事务所，要印度侨民前往办理手续。许多把握真理协会的工作人员都到事务所门前观望，他们想知道有哪些意志不坚定的印度人，会去移民局登记。结果，他们很满意地发现，这一整天前往事务所登记的印度侨民，不超过五百个人。

移民局官员看到这种情形，非常愤怒，全南非的印侨那么多，登记的却不到五百人。所以就派出大批警察，想要借着警察的力量，采取强制执行的手段。

首先，警察把正在各地巡回演讲的旁姬特·顺德拉先生逮捕入狱，不准他再继续宣传把握真理运动。接着，又把各地不去登记的印侨全部抓起来。

南非政府太低估这些印度侨民的力量了，虽然不去登记的人要被抓起来坐牢，可是大家一点也不慌张，早已做好了被捕的准备，每个人对这次的运动充满了信心。

移民局愈来愈头疼了，后来，他们想到一个好方法，就是将把握真理协会的主要委员，全部移送法院处理，命令他们立刻离开特兰斯瓦尔。

移民局认为，只要把这个领导中心的主要成员全部驱除出境，那么把握真理运动，必然会因为群龙无首而崩溃瓦解。

有些人甚至被限定要在四十八小时内，离开特兰斯瓦尔，有的人则被宽限到两周，但是如果不愿服从的话，就会被判刑。

不用说，当然没有人会服从这个命令，所以把握真理协会的主要工作人员，全部被判刑，必须到监狱中服刑。

他们被捕入狱以后，过了两三天，也传来了其他各地把握真理协会的人员被捕的消息。

看来，约翰内斯堡以外的地方，也同样受到警察的干涉了，他们利用法院毫无公平性的判刑，逮捕印侨入狱。

就这样，大家都被抓到监狱里去了。很奇妙的是，只要有一批人被关起来，另外一批人就继续到把握真理协会工作，一点也不害怕，相反的，意志更高昂、更坚定了。

大家都喊着：“我们要向被捕的同志们看齐，再接再厉地继续非暴力的抵抗运动，我们把特兰斯瓦尔的监狱都挤满！”

印侨陆续被逮捕入狱，其中以贫穷的小贩最多。这些小贩在街上做生意，警察看到了，就会来向他们要证明书，如果拿不出来，就会立刻被捕。

一个星期以后，约翰内斯堡的监狱，已经被把握真理协会的人员挤满了。

南非政府对这种“监狱人满为患”的后果，大为头痛。因此两个星期以后，特兰斯瓦尔的殖民大臣史玛兹将军，约了甘地在普勒多利亚面谈。

甘地带着几名侍卫，到普勒多利亚，会见史玛兹将军，为“新亚洲法”进行谈判。

甘地提出两个条件，他说：“如果南非政府愿意遵守我这两个条件的话，我们就立刻停止非暴力抵抗运动。

“第一个条件是：停止强制登记，允许自由登记，等到半数印度人登记了以后，就要把不合理的登记法废除掉。

“第二个条件是：立刻释放被捕入狱的所有印度人。”

史玛兹将军答应了这两个要求，于是大家都被释放了。当然甘地也通知大家，要停止非暴力抵抗运动。

为了履行对史玛兹将军的承诺，甘地开始劝印度人自动去登记。

这种先前反对去登记，而现在又主张去登记的做法，实在太令人想不通了。尤其是劳工根本不了解这是怎么一回事，他们对甘地产生误解，认为他是一个出尔反尔的人。

所以当甘地和几个伙伴，准备到约翰内斯堡去做第一号登记人的时候，发生了一件悲剧。

那天，甘地刚踏入登记事务所的门口，有一位年轻人拦住他，问：

“甘地先生，为什么你要到登记事务所来？你想要做什么？”

甘地回答说：

“我正要去申请登记呢！我带你也一起去——”

还没等甘地把话说完，甘地的后脑勺，已经被重重地捶了一下。

甘地大叫：“神呀——”就昏迷不醒了。甘地立刻被伙伴们送到附近的一间屋子里。

过了一段时间，甘地清醒了，在一旁照料他的牧师德库先生很高兴地说：“啊！终于醒过来了！”

德库先生又问甘地说：“哪儿不舒服？”

甘地说：“牙齿和肋骨都好痛啊！”

甘地又问：“这是什么地方？”

德库先生说：“这是吉布先生的办公室。刚才你被一个印度年轻人打昏了，我正好从那儿经过，我找来警察，把那个年轻人抓起来了，他现在已被关进拘留所里。”

甘地一听，立刻强忍着疼痛，撑起半个身体，请求德库先生说：“请你立刻和警察交涉，把那个年轻人释放了吧！这件事我会向他解释清楚，不可以把他抓进拘留所的。”

就在谈论这些话的时候，许多人走进来，除了印侨的伙伴们，还有移民局的登记官伽姆聂先生，也夹在人群中来看甘地。

甘地一看见移民局的伽姆聂先生，立刻就向他说：“我原先要到事务所去取得第一号的登记，没想到事情会演变成这样。”

甘地又说：“我现在虽然受了重伤，可是我还是希望成为第一个登记的人，伽姆聂先生，请你拿登记卡到这儿让我填写好吗？”

于是伽姆聂先生把登记卡送来。甘地忍着痛苦，把每一个项目都写得很清楚，然后盖上所有的指纹，再交还给伽姆聂。

随后，甘地又拍一张电报给警察局局长，请他释放殴打他的那个年轻人。

他还写了一封信，给把握真理协会的工作伙伴。信中的内容是希望大家不要责备那位年轻人。

非暴力抵抗运动的伙伴们，都照着甘地的交代，原谅了那位年轻人，没有一个人对他采取任何报复行动。

随着甘地去登记以后，许多印度人也都自动去申请登记，所以不到几天工夫，特兰斯瓦尔的印度人，大多数已经完成了登记的手续。

甘地对史玛兹将军的承诺，已经进行得差不多了，现在该是特兰斯瓦尔政府履行诺言，废止新亚洲法的时候了。但是，特兰斯瓦尔政府毫无诚意，不但不想废止新亚洲法，甚至还说："既然有那么多印度人来登记，就表示要依照新亚洲法实行才对。"

后来，特兰斯瓦尔政府甚至要求其他还没登记的人，早一点来登记，并且有意把条文改得更严厉。

甘地觉得自己受骗了，因为他轻易相信了史玛兹将军的话，使得这件事更难以收拾了。

既然事实的真相揭露了，把握真理协会当然不会妥协，在忍无可忍的状况下，协会也给特兰斯瓦尔政府一道"最后通牒"。

"请遵守甘地先生和史玛兹将军的诺言，立刻废止新亚洲法！否则，我们便将已经登记领到的证明书全部烧毁。"

不仅如此，他们还在上面附上期限，但眼见着限期的时间就要到了，依旧没有收到特兰斯瓦尔政府的任何回音。

把握真理协会已经不能再忍受，他们开始展开行动，收集所有印度侨民拿到的证明书，准备要烧毁这批证明书，借这件事来抗议当地政府的不守信用。

证明书的收集是很容易的，所以在很短时间内，把握真理协会就已经收集了许多证明书，准备烧毁了。这时候，有一位会员拿着一份电报跑进来，那是特兰斯瓦尔政府的回文，上面写着：“我们不能答应各位的要求，依照规定，仍然要强制执行办理登记。”

甘地把这封电文宣读给大家听以后，整个协会的人都“哇！”的一声，全场掀起一阵大骚动。

也不晓得是谁点燃了一根火柴，那堆得像小山一样的证明书，立刻着了火，开始燃烧起来，才一会儿的工夫，熊熊的火焰照亮了四周。

大家围在一起，眼睁睁地看着这堆排队登记拿来的证明书，一把火就给烧掉了，除了为身为印度人感到心酸以外，他们更是口口声声唾骂特兰斯瓦尔政府的不守信用。

有的人本来没交证明书，看到这一把火以后，立刻飞奔回家，把证明书也拿来烧掉，就连上回殴打甘地的那位年轻人也不例外。

烧毁证明书，也同时烧起了“非暴力抵抗运动”的火苗。

好了！现在大家又变成没有证明书的人了，警方当然又要开始盘查抓人了。

没有证明书的人，一个个又被抓进监狱，类似的情形，接二连三地发生。

单身汉被捕，比较无所谓。如果是有家眷的人被捕，那问题就严重了，因为他们都是靠劳力赚钱的人，养活一家人靠的就是一双手，如果被捕入狱，留下的妻子、儿女就陷入生活的困境了。

甘地为了解决这些问题，就动用把握真理协会的经费，援助这些可怜的家属。可是人数愈来愈多了，万一把握真理协会的经费用完了，那该怎么办呢？

甘地不得不想新的办法了。

托尔斯泰农场

既然“非暴力抵抗运动”要继续下去，这些被捕的印侨遗下的妻儿，总不能不管呀！

甘地曾经读过英国思想家约翰·拉斯金写的《奋斗到最后一刻》这本书。书上说：“使用劳力在土地上工作，和其他工作一样，都具有相同的价值，也是一种很有意义的生活。”另外，甘地也看了俄国大文学家托尔斯泰的著作，认为所有人类的生活，都要守望相助，所以甘地融合了这两位哲学家的思想，想要经营一座农场。

甘地还有一位德国的朋友，名叫赫耳曼·卡连巴哈。他是一个政治家，他听说甘地有开辟农场的构想，立刻跑来协助甘地。

卡连巴哈说：“被捕入狱的，大部分是农民，所以他们的家人对农事方面，也应该很熟悉才对，让这些家属加入农场工作，真是一个好办法。”

甘地有了这些话的鼓励，更产生了无限的信心，他们很快就找到一块土地。

这块土地的面积很大，就在罗雷车站附近，距离约翰内斯堡大约有三十公里。

这块土地原来就有上千棵果树，同时还有两眼源源不断的泉水和井水，所以水的来源也没问题了，可以说是很理想的一块农场用地。

土地是找到了，可惜没有资金可以购买。卡连巴哈先生知道以后，自己拿出一大笔资金，把土地买了下来，要帮甘地实现“把握真理农场”的计划。

甘地很高兴地接受了这位朋友的帮助。

他们把被捕的农民家属统统集合起来，展开经营农场的工作。

为了纪念托尔斯泰的伟大精神，甘地把农场取名为“托尔斯泰农场”。

甘地也为托尔斯泰农场定下了一些规则，无论农场的事有多忙，都不能雇别人来工作，无论农事或家事，都要靠大家互相帮忙、协助，才能自给自足、自力更生。

农场的人都要依照这个规定，同心协力，好好经营农场。

让甘地非常惊讶的事情发生了。原先，甘地担心农场内的老弱妇孺，会因为宗教信仰和出生地的不同，而产生不愿意合作、不愿意共同生活的状况，结果竟然都没有发生。相反的，大家还都很和气地互相照应、互相帮忙，相处得非常愉快。就在这种快乐的气氛下，使得农场很快就有了农作物的收成。

甘地不仅希望自给自足，他还希望能靠这个农场赚一点钱，改善更多贫困人家的生活。

甘地计划在农场应用人力，从事工业方面的生产，这样就可以和特兰斯瓦尔政府展开长期抗战了。

农场以制鞋工厂为起点，以前鞋子要到市面上去买，现在，不但全农场的人都穿自己制的鞋，而且还有多余的鞋子，可以拿到市面上去卖。

有了制鞋工厂以后，又发展了木材加工厂，凡是木头制的东西都由自己动手去做，到最后连房子也能自己动手建造。

等到托尔斯泰农场渐渐上了轨道以后，甘地认为应该教小朋友认字以及计算。印度劳工从小就过着贫困的生活，没有余力接受教育，大多数连自己的名字都不会写。现在甘地要教导这些人的子孙读书、写字了。

为了教小朋友，大家就共同努力建造校舍、准备教室，让小朋友能安心读书。

甘地和卡连巴哈先生都担任教师的工作，教孩子们读书写字，并且教其他有关的常识。最初进行得并不顺利，除了甘地对教书这项工作不熟悉外，还有一个原因，就是小朋友白天都必须到农场去工作，一直等到下午或傍晚才有空读书。这时候，每个人已经都很累了，根本没有精神上课。

另外，还有一个问题，就是语言不通。印度是一个幅员辽阔的国家，各地有各地的语言，甘地说因为不熟悉有些地区的语言以至于无法和小朋友沟通。

不过，再怎么辛苦，创办学校还是一件很有意义的事。

小朋友不但学会了读和写，也培养出宽大的胸襟，能包容别人。这段托尔斯泰农场的学校生活是甘地一生中最怀念的事。

展开非暴力抵抗运动

甘地建造了托尔斯泰农场给印侨使用，展开了长期对抗特兰斯瓦尔政府的运动。

而在这期间，南非发生了一点变化，那就是特兰斯瓦尔和邻邦奥伦治自由州，在波耳战争结束后，就完全脱离荷兰的统治，而成为英国的势力范围。

一九一〇年，特兰斯瓦尔和纳塔耳，合并为新的南非联邦，而原先的特兰斯瓦尔殖民大臣史玛兹将军，就担任了南非联邦的总理大臣。

一九一二年，史玛兹将军邀请印度国民大会的葛卡列先生到特兰斯瓦尔访问。

葛卡列先生特别约甘地见面。葛卡列告诉甘地说：“甘地先生，我和南非联邦政府约好废止新亚洲法，以及废止三镑的人头税，因此，请你们停止‘把握真理运动’，和新政府和谈，好不好？”

甘地喜欢和平，既然南非联邦新政府要废止那些黑暗的法律，印度侨民根本就不必再抗拒了，当然可以停止反抗运动呀！

但是几天以后，甘地去要求南非联邦政府履行承诺的时候，才知道这又是一个骗局，联邦政府根本没有答应葛卡列任何事，连葛卡列也受骗了。

甘地愤怒极了，他觉得南非联邦政府根本没有把印度人看在眼里，所以甘地对葛卡列说：“联邦政府每次都不信守诺言，现在我们要彻底展开‘把握真理运动’，这一次无论如何都要和他们奋斗到底，一定要他们废止‘新亚洲法案’为止。”

把握真理协会的全体会员，以及住在特兰斯瓦尔的所有印度人，都下了最大的决心。但是如果展开把握真理运动的话，必定会有很多人再次被捕入狱，在监牢中度过漫长的铁窗生活。

因此，如果想要在现有的托尔斯泰农场，安排这些人的家属就不太方便了。甘地决定把把握真理运动的本部，迁移到比托尔斯泰农场还要早开垦的菲尼克斯农场去，这个地方交通也很方便。

正当把握真理协会积极地筹备一切工作时，联邦政府又公布了一条新法令。上面规定：“除了在基督教仪式下结婚的人以外，其他结婚方式，一律不被承认。”如果依照这种法律，那么，像印度侨民信奉印度教，而以印度教仪式，或回教仪式结婚的人，都变成不合法婚姻的假夫妻了，就连他们所生的孩子，也变成不合法的私生子了。也就是说，这些孩子失去了继承亲人财产的权利。

在南非的印度人，知道这件事以后，没有一个人不气愤交加的。因此，他们更加积极地展开把握真理运动。

由于这条新婚姻法，使得许多妇女也都自动来参加了。她们也随时做好被捕入狱的准备。

甘地也同意妇女参加把握真理运动。因为结婚不仅是男人的事，同时也是女人的事，而且有关婚姻的法律，在受害程度上来说，女人是比较严重的。

甘地的妻子对他说："我很遗憾，你为什么不要求我自动去参加'把握真理运动'？难道你不信任我吗？"

甘地回答说："怎么说我不信任你呢？假如你愿意进入监狱，我并不反对，但是我不能命令你进入监狱呀！这种事你要考虑清楚，需要以你的责任感去完成任务，如果你能忍受在监狱中的痛苦，我是不会阻止你的。"

甘地的妻子脸上立刻浮现出笑容，她决定要加入把握真理运动，就是被捕入狱，也不在乎。

甘地的妻子加入把握真理运动的消息传开以后，在菲尼克斯农场和托尔斯泰农场的女性，以及其他的印度女性，也都接二连三地自愿加入把握真理运动。

这些人当中，还有抱着婴儿的年轻母亲。她们每个人都充满了斗志和信心。

于是，把握真理协会的会员，开始指导这些自动自发的女性，怎么样才会被捕入狱。

例如，做生意是需要许可证的，没有许可证而进行买卖，可能会被逮捕入狱。可是她们虽然这么做，特兰斯瓦尔的警察却视若无睹，不去理会她们，这样根本没有效果。

因此，甘地叫在菲尼克斯农场工作的妇女越境到特兰斯瓦尔去工作，这样可能就会被逮捕了。甘地的妻子和其他十六个妇女，参加了这个越境的工作，结果真的像甘地所想的一样，她们十七个人全部被逮捕了，然后判了三个月的重劳役。

这个消息传出以后，许多托尔斯泰农场的妇女，也想参加这个越境的工作，所以她们也如法炮制，越境到纳塔耳去工作。这回警察已经知道她们的战略了，根本就不逮捕这些妇女，这个计划也就失败了。

在这种状况之下，甘地只好要那些妇女全部到纳塔耳那边的炭矿镇，发动所有的印度人罢工。

结果这次的计划获得了成功，因为很多不公平的事，让印度侨民已经忍无可忍了。像是三镑的人头税、强制印度人登记、结婚无效等等，因此大家都自动加入非暴力抗议行动，从炭矿到金矿，从金矿到钻石矿，整个罢工潮，就像星火燎原一样扩展到各个地方。

把握真理运动的妇女们，因为煽动罢工而被捕入狱，在矿山工作的印度劳工，则因为罢工被逮捕，在很短的时间，就被捕了五千多人。

罢工的这些人，大部分是穷人，他们住在矿山主人的家中，他们所用的水井和炉子都是主人家的东西，因此他们一开始罢工，就被主人赶出家门，水井和炉子都被禁止使用了。

面临这种状况，可以说连最基本的生活保障都没有了。

大家为这个问题都很头痛，也就是说，一罢工等于没饭吃了。最后，协会想出了一个两全其美的好办法，那就是把这些罢工的人，全部送到特兰斯瓦尔，展开把握真理运动，让警察来逮捕他们，这么一来，这些人的吃饭问题就解决了。同时也让州政府为这件事头痛。

从纳塔耳的薪堡矿场，到特兰斯瓦尔大约有五十公里以上的路程。从特兰斯瓦尔到托尔斯泰农场，也大约有二百公里路程。如果在平时，大家几乎都是乘坐火车去的，但是现在已经没有足够的火车票钱，因此，大家决定以徒步方式，走到特兰斯瓦尔的境内。

甘地劝那些家中有小孩，或有老年人的劳工，回到矿山去，免得受到那么多的辛苦，但是竟然没有一个人愿意，最后，大家决定一起走路到特兰斯瓦尔去。

这是一九一三年十月二十八日的事。

这些人彼此之间都不知道对方的名字，所以要大家集体行动，可以说是很困难的。所以甘地就定下了几条规则，请大家一起遵守。

第一，有关食物方面，规定每个人一天只能吃七百公克的面包和一匙砂糖，这些食物由协会供应。

第二，不准带多余的东西，在半途中，不可以偷拿别人的东西。

第三，如果遭到白人唾骂时，也不可以反抗，万一被警察逮捕了，就以把握真理的精神来接受被捕。

第四，假如甘地在半途中被警方逮捕的话，也不要气馁，要继续往前走，勇敢地面对挑战。

大家对于这些规定，都非常服从，因此到第二天下午，就很顺利地到达特兰斯瓦尔州界附近的查理斯敦。

住在查理斯敦的印度商人都很热情地欢迎这一支队伍。他们让小孩和妇女住到家中，然后，让男人在院子里煮饭或休息，看到米不够的时候，还把家中的米拿出来分给他们食用，有人甚至连家中的锅和碗也拿出来，借给他们用。

为了知道政府的动静，他们决定在查理斯敦停留一个星期。

一个星期以后，整个队伍继续往特兰斯瓦尔前进。那天走了将近两公里以后，前面就横着一条小河，那正是纳塔耳和特兰斯瓦尔的交界，远远就看见了五六名警官骑着马，在那儿巡视。

甘地要整个队伍都停下来，他大声对着同胞们说：“各位先停在这儿，你们在这儿等我的信号，我去向那些警官说明我们没有许可证而越过州界的原因。”

甘地说完以后，就朝那些警官走去。

甘地和警官的话还没说完，就已经看见队伍中的劳工，一个接一个地步入小河中，没多久，就全部都过了河，到达特兰斯瓦尔的土地上。

那些警官看到这种状况，全都惊慌不已，就骑着快马飞奔过去，想要阻止这些群众，但是人数太多了，想要阻止并不是容易的事。在这种慌乱的情况下，警官们竟然忘了逮捕甘地。

甘地很快跑进群众当中，以手势制止了群众，然后把队伍整理好，几分钟以后，再继续前进，好像什么事也没发生一样，大家已经开始向特兰斯瓦尔州内行进了。下午五点钟，到了帕耳姆弗德的时候，大家决定在那儿过夜。

晚餐很简单，只有一点面包和砂糖而已，吃过以后，每个人就自己找个地方铺上白布，开始做夜宿的准备。

有些家族很愉快地在一起谈天，也有的人仰望星空，向自己信仰的神祷告。夜深了，四周变得很安静。

按照计划，隔天还有十几公里的路要走，所以甘地也想早一点休息。

当甘地躺下来休息时，听到一阵脚步声，甘地看到一个白人警官拿着手提灯朝着他走过来。

警官走到甘地身边停了下来。

警官说："你是甘地先生吗？"

甘地说："是的！"

警官从口袋中拿出一张公文来说："这是逮捕状，我要立刻逮捕你！"

甘地很平静地问："什么时候？"

"现在。"

甘地问："逮捕之后，你要带我去哪里？"

警官说："波耳克斯特城！"

甘地回答他说："我明白了，我会和你一起去的，但是请你给我一些时间，我要把一些事先处理好，委托给我的伙伴以后，再跟你走。"

警官点点头，甘地摇醒睡在旁边的伙伴纳兹，告诉他自己将要被逮捕的事，并且交代纳兹，要怎样引导那些劳工。

纳兹听完甘地的话以后，静静地看着甘地被警官带走。

甘地跟着警官离开以后，心中暗暗高兴，他觉得这支队伍已经不用他来领导，大家都变得很守规矩，很有理性了。

隔天早上，甘地被带到波耳克斯特法院，接受审判。

甘地想明天可能就在监狱里了，可是检察官却说："我还要仔细调查，所以判决的时间，必须延后一个星期。"

在等待判决的一个星期里，甘地本来应该留在拘留所里面的，但是甘地不愿意浪费时间，所以他就申请了交保。"保释"必须有金钱或财产作为担保。

检察官虽然极力反对，但是法官仍然公正无私，一切按程序处理，所以甘地获得以五十镑保释的待遇。

从法院被保释出来以后，卡连巴哈先生开着车子来接甘地，甘地立刻又回到行进队伍当中，所有的伙伴都兴高采烈地迎接甘地。

又走了两天，他们来到史坦顿城。快到中午时，阳光很强，整个队伍都停下来，在分配午餐的食物。甘地一份一份把食物分给队伍中的每个人，突然他一抬头，看见一位法官正站在他面前。

甘地问法官："有什么事吗？"

那法官以一种很无奈的表情回答说："甘地先生，我不得不逮捕你，因为上级有命令要我们逮捕你。"

"真的吗？"甘地说，"我感到非常荣幸，这次不必由普通的警官来逮捕我，而是由治安法官亲自来逮捕我。"

甘地一面开玩笑，一面交代伙伴们继续前进。甘地和治安法官进入法院以后，立刻开始接受审判。

甘地要求交保或是延迟审判，可是检察官却坚决反对，但最后治安法官还是同意了以五十镑交保。

有一位印度商人，早就开车子到法院门口等着甘地。当甘地出了门以后，载着甘地和五公里以外的队伍会合。

第四天，甘地又被逮捕了，这次来逮捕的是特兰斯瓦尔州的移民局长和警官。四天之内甘地被捕了三次。这回甘地被带到海德堡，囚禁在拘留所里面。

这次甘地已经无法再获得保释了，他被判了九个月的重劳役，被判刑的理由是："甘地将纳塔耳的契约劳工带出州外。"

甘地被逮捕以后，行进的队伍继续由普拉库领导，他们也按照行程，不停地往前走。

隔天一大早，行进的队伍来到巴耳弗亚以后，火车站已经有三列特别列车等在那儿了。

这三列特别列车，是要将这批正在进行抗议的印度侨民送回纳塔耳去的。

"快上这三列火车！"

这是一道命令。

可是，并没有人遵守，大家都说："如果要进监狱的话，我们都愿意。但是，没有甘地先生的许可，我们绝对不上火车。"

因此，根本没有一个人上火车。双方僵持了很久，最后才由普拉库先生向大家说明。普拉库说："把握真理的精神，请大家务必遵守。"这下子，他们才坐上开往纳塔耳的火车。

火车行进的速度，总是比步行快多了，所以这群行进好几天的印度人，很快被送回纳塔耳了。

原先，这些人应该要被送进监狱的，可是纳塔耳根本没有足够的监狱可以关他们。尽管没有监狱，牢狱之灾并没有远离这群印度人。

因为纳塔耳政府想到一个很残忍的办法，就是把薪堡的炭矿区，用铁丝网围起来，把这个地方取名叫作“薪堡临时监狱”，再把这批印度人关到这儿来劳动。而由矿山的主人和白人，严密监督看守着，换句话说，这批人被当作奴隶看待了。

这批印度人对于被奴役的生活，简直不能忍受，但是矿山主人和监督的白人，时常鞭打他们，或是用脚踢他们，把他们当牛马一样，一点也没把他们当人看待。

这种不人道的行为，渐渐被传开来，很快传到印度。

当时国大党的葛卡列先生正好生病，躺在床上休养，当他听到印度人在南非过着这种非人的生活时，立刻抱病起床，收听广播。

“我一定要设法拯救同胞！”葛卡列在心中呐喊着。

就这样，南非印度侨民的问题，已经演变成全印度人最瞩目的问题了。

印度总督哈钿哥曾经发表演说表示：“南非联邦政府所做的事，实在太恶劣了，他们这样做，逼得我不能不站在印度人的立场说话。”

想想看，英国殖民地的印度总督，演讲批评南非联邦政府的政策，照理说，这是有违他的职责的，但是他为了主持正义，而打破沉默，可见当时的薪堡临时监狱是多么的惨无人道。

哈锢哥总督的演讲，在南非和英国本土都掀起一股狂热的反应。

在这种状况下，南非联邦政府就不得不改变自己的做法了，他们不敢再用同样的手段对付这批印度人。

南非联邦政府的史玛兹将军在这种情况下，只好利用调查事实的真相，来拖延这件事。

首先，史玛兹将军成立了一个由三位白人组成的调查委员会。他们决定先释放三个人，那就是：甘地、卡连巴哈、普拉库。

甘地被释放时，已经被关了六个星期了，他被释放以后，第一件事情，就是向史玛兹将军陈情，表示调查委员当中至少应该有一个印度人。

甘地所持的理由是：既然要处理印度人的问题，如果没有印度人的参与，根本就不合情理。

但是史玛兹将军的回答，都是一些无关紧要的推托之词而已。

因此，甘地又准备再一次展开把握真理运动。

为了达到进监狱的目的，他们又做了一次大行进的计划。这时候，联邦铁路局也发生了大罢工，因为白人为了工资问题，发起罢工，使得联邦政府受到威胁。

许多印度人都很高兴。他们说：“这真是一个千载难逢的机会，假如我们现在开始大行进，南非政府一定会不知所措。”

但是甘地反对这么做。甘地说：“各位！我们印度人的问题和南非白人罢工的问题完全不同。我们不能乘人之危，我们要坚持把握真理的精神，因此，要大行进的话，必须等到白人罢工完再进行。”

甘地苦口婆心地解释他的看法，最后其他伙伴都被说服了，决定等白人罢工事件结束以后，再进行把握真理运动。

把握真理协会通过英国通讯社的报道，使得英国本土的人都知道这件事，那些原本对印度毫不关心的英国人也很感动。许多英国人还寄来赞美的信，以及充满鼓励慰藉的电报。

有一天，史玛兹将军的秘书对甘地说：“甘地先生，说实在话，我并不喜欢印度人，也从来没想到要去帮助他们。但是，这一次不同了，我被你们的行动所感动，因此，无论如何再也不把你们关进监狱。”

停了一会儿，那位秘书说：“有时候，我真希望你们就像白人一样，罢工之后再去争取自己的权利，如果是这样，我就比较容易来对付你们，偏偏你们不这样做，只用默默地牺牲来抗议，这样才真让我们头痛呢。”

既然史玛兹将军的秘书都有这一种想法，可见南非联邦政府再也不会不理这件事了！

终于，南非联邦政府在调查委员会中，加入印度人。这个调查委员会，向南非联邦政府提出制定“印度人救济法”的法律。

“印度人救济法”很快在议会中通过，经过南非联邦总理大臣史玛兹将军签署以后，立刻生效。

按照这条法律的规定，政府废止了三镑的人头税，而且不管是不是以基督教仪式结婚的婚姻，都会被承认，同时，只要拥有一张非常简单的居住证明书，就能自由自在地在南非各地旅行。

前后八年的把握真理运动终于获得了胜利，南非联邦现在已经成为印度移民能安心生活的地方了。

印度侨民在南非获胜的消息很快传回祖国印度。不久以后，甘地收到印度国大党葛卡列先生的一封信，信中的内容是这样的："甘地先生，恭喜你，在南非的工作终于实现了！从此以后，你可以不需要再停留在南非了，请回到祖国，为祖国效力吧！我计划在今年夏天与你在伦敦会合，然后向英国议会和殖民大臣提出'印度自治'的计划。"

看完信以后，甘地非常感动。为了想让印度早日独立，虽然工作非常艰辛，甘地也决定要去做了。

甘地在一九一四年七月十八日，从南非班达港口，搭乘轮船前往英国伦敦。

争取印度独立

ZHENGQU YINDU DULI

手无寸铁的甘地，在狱中绝食，迫使大英帝国屈服……

回到印度

一九一四年八月六日，当甘地抵达伦敦的时候，听到一则令人吃惊的消息。

原来是英国对德国宣战，也就是说第一次世界大战爆发了。

由于第一次世界大战的爆发，使得原先计划在伦敦召开的有关印度自治会议，被迫延期，而预定在伦敦和甘地会合的葛卡列教授，也因此被困在巴黎。

由于战争，整个英国上下翻腾不已，许多英国学生都争先恐后地加入义勇军。

甘地又听到他的伙伴说："英国目前正受到战争的困扰，我们应该趁着这个好机会，向他们提出让我们自治的要求。英国人如果害怕印度人会反抗，就会答应我们要求的条件。"

甘地仍然反对这种趁火打劫的行为。现在英国最需要救助，就必须以救人为先，然后才能提出印度自治的要求，绝不能混为一谈。

大家同意了甘地的说法，决定和波耳战争的时候一样，征召志愿军组成一支救护部队，替那些受伤的英国官兵服务。

这时候甘地却生病了！他患了肋膜炎，必须住院。医生告诉甘地说："趁现在气候还不太冷，你最好回印度去，否则你的病就会更加恶化了。"

甘地接受医生的建议，决定要回印度去。

一九一五年的一月九日，甘地回到印度。葛卡列先生为甘地举行了一场盛大的欢迎会。

欢迎会上谈论的话题，从南非的活动、英国发生战争的事，到印度的自治及印度民族的未来等等，谈个不停。

好不容易，葛卡列才找到和甘地单独相处的机会。葛卡列说："你目前有什么打算？如果情况允许，我希望你能参加'印度服务协会'，和我一起工作。"

所谓的"印度服务协会"是葛卡列发起的一个民间社团，目的是争取印度人的福祉。

甘地直截了当地拒绝他说："我希望像在南非时一样，以经营农场的方式为基础，将把握真理运动，推展到全印度。"

以前在南非菲尼克斯农场工作的印度人，已经有一些回到印度了，甘地希望能和这些人共同经营农场。甘地认为要促成印度的自治和独立，纯粹的政治运动是难以达成目的的。

最重要的是，印度人本身在意识上，必须把握真理的正确方向。所以甘地想要在自己生长的土地上，与以前的一些伙伴，一起为拓展把握真理运动及印度独立而努力。

葛卡列先生很赞成这种方式。他说："甘地，我明白了！这和我们服务协会的目的是一样的，都是为了印度独立而努力。你好好地做吧！如果农场的经费有问题的话，随时可以找我商量。"

甘地听到这些话以后，非常感动。

葛卡列先生又接着说："你离开印度已经有二十二年了，你最好先在国内各地走动一下，了解印度目前的情况。"

走访各地

甘地听了葛卡列的劝告，开始到印度各地去旅行。首先他到桑姬尼克坦农场。接着，甘地又前往班加耳州的波耳普亚农场。

长途的火车旅行，是很不舒服的，需要有耐性和经得起痛苦的考验。甘地年轻时，曾经为了自尊心，一定要搭头等车厢，但是自从推动把握真理运动以后，甘地就和劳动者一样，坐三等车厢去旅行。

甘地穿着棉质的半长袖衬衫，缠着腰布，加上外衣，戴着便宜的帽子，任凭你从哪一个角度来看，都像是一个贫苦的劳动者。

以这种装扮搭乘三等的火车，当然没有人会去注意他。只是买三等车厢的车票非常困难，因为大家都坐三等的车厢，所以只要售票窗口一打开，等着买票的人就一窝蜂争先恐后，挤到窗口买票，如果不小心，还可能会被踩扁呢！

即使好不容易买到火车票，上车也是一件困难的事。因为火车经常爆满，除非从窗口爬进去，否则很可能搭不上车。

车厢内的卫生情况奇差无比，有各种不同的味道，初次搭火车的人，一定会怀疑这是不是给人搭的火车。

其实能挤上火车，已经要谢天谢地了，更多的人就真的被挤到载牛羊的无顶货车上，和牛羊同车。

为什么三等车厢会那么差呢？原来铁路局把所有的经费都用在白种人所乘坐的头等车厢上面，而不愿拨款修理三等车厢。另外一个原因是印度人自己也不注重卫生，才搞得车厢这么臭。

甘地形容搭乘这种火车，就像在地狱受苦一样，因为要搭乘二三十个小时，简直叫人不能忍受。甘地认为只有这种情况，才会使他永远记得印度人所受的苦和委屈，所以他不肯去搭头等火车。

甘地利用将近一年的时间，走遍了印度各地，也大致了解了农民和劳工的生活和思想。在这一年当中，甘地也开辟了一座农场。农场位于古纪拉提最大的市镇阿梅达巴德的郊外，沙瓦玛奇河的旁边。

甘地在一九一五年五月二十五日开垦这个农场。他把原先在桑姬尼克坦农场的伙伴和他的家人召到这里来，共二十五人，大家轮流煮饭，好像是一个大家庭一样。

农场的名字就叫作“把握真理农场”，甘地希望借着真理的把握，伸张正义力量，来矫正印度人的歧见，然后大家团结一致，

为争取印度独立而奋斗。

他们这二十五个人，不怕困难，把整个精神都投入农场里，要将这种精神，推广到全印度，每个人都在自己的岗位上尽心尽力展开工作。

努力了两年，农场终于步入正轨，甘地比较能走得开了。

为了要多认识印度农民的生活实情，甘地又出发到比哈耳州的北端强帕兰。他搭三等火车，度过长长的旅程，来到强帕兰。

强帕兰以出产蓝色染料而闻名，那儿的农民生活尤其贫困。

那些农民向地主租借土地耕种，然后以生产的大部分农作物来缴纳土地租金，所以生活过得很苦。

一位农民哀求甘地说："无论如何，请你来看看我们的生活，救救我们吧！"

那儿的农民很欢迎甘地，可是地主却一点也不欢迎，甚至州政府的官员也对甘地的到来，感到非常不高兴，甚至还出面阻挠他的行程。

甘地看了实际情况，才发现一个严重的问题，虽然亟待解决的只是纳税的问题，但是农民的无学无知以及不动脑筋思考，才是根本的大问题。

要解决这个问题，就得赶快设立学校。于是甘地和把握真理协会的工作人员商量了以后，决定在六个村庄中，各设一所小学，学校不仅传授文字和知识，也可以利用这个场地，为村民讲授日常卫生和生活习惯。

经过了长期的贫穷和无知，这儿的农民把肮脏视为理所当然。不卫生就容易生病，可是农民对疾病治疗的方式又很原始，几乎毫无用处。

甘地对指导员说：“我看只好由我们以身作则了，等他们渐渐知道卫生清洁的好处以后，就会自动来仿效。”

甘地和学校的职员整天做消毒的工作，他们消毒水井，填平水洼地，清除垃圾堆等。

甘地他们的行动的确收到一些效果，有的村庄中，已经比较少看见一堆堆的垃圾了，可是仍旧还有很多地方的村民，不但采取不理会的态度，甚至还批评说：“那种不值得做的工作，又何必去做呢？”

对他们来说，填饱肚子比清洁卫生的工作重要多了。

例如，有一次甘地的妻子对一个印度妇人说：“为什么不把衣服洗干净，穿太脏的衣服很容易生病的。”

那位妇人却把甘地夫妇拉进小屋子内，说：“你看吧！甘地先生，我们屋里空空的什么都没有，哪来的换洗衣服？每个人仅有的就是穿在身上这一套了。我现在身上所穿的衣服，就是我全部的财产，我又如何换洗呢？”

妇人说的也有道理，如果要他们整天都饿着肚子的话，那谁也没有精神再去管衣服干净不干净。

最糟糕的是，这种贫困的生活，并不仅是在强帕兰的农民身上，整个印度到处可以见到这种像牛圈一样的小屋，里面空空的，除了一张草席以外，别无所有。

甘地在强帕兰的调查工作进行得很顺利，已经快要完成了。这时候，甘地接到比哈耳州政府的来信，信上催促甘地说：“你停留在这儿的时间太久了，最好在短时间内离开此地。”

州政府的意思，甘地心里很清楚，他们最担心的是甘地会把调查的结果发表出来，这样对州政府将会造成相当大的困扰。因此调查工作还没有完全结束，他们就想尽办法要把甘地赶出去。

甘地回信说：“除非调查工作完成，或者是改善了农民的生活，否则，我绝不考虑离开强帕兰。”

州政府对于甘地这样的答复，觉得非常为难，所以副总督就亲自加入这项调查工作，结果才发现强帕兰的农民生活实在是困苦。因此，州政府就颁布了一道法令，废止用实物缴租的规定，而改为用较少租金缴租。

这项存在一百年之久的陋规，终于在甘地的协助下废止了，这是一件令人兴奋的事情，有许多农民来向甘地致谢。

当甘地还沉醉在这项胜利中的时候，把握真理协会很快又传来一个消息，那就是阿梅达巴德的纺织劳工发生罢工事件，协会希望甘地马上前往处理。

甘地一得到这个消息，立刻赶到阿梅达巴德，抵达目的地以后，甘地发现劳工和老板双方的关系，已经非常恶劣了。

劳工的工资低得连一只狗也养不起，照理说，工资是应该要提高才对，偏偏工厂老板，根本不加理会。

按照甘地处理事情的方式，他是很不赞成罢工的，但是事情的演变非常激烈，不罢工也不行了。

这次罢工是印度第一次有组织的大罢工，一直持续了三个星期之久。前两周，大家都能保持规律的集体行动，互相劝告，克制情绪，和工厂的老板周旋到底。

可是到第三周以后，由于大家既没有收入又没有事做，所以情绪变得很激昂。甘地最担心的，就是万一劳工使用暴力去攻击老板，警察就会出面处理这件事，这一来会牵连许多人坐牢的。

因此，甘地不断地协调，想尽办法来解决这个问题，可是事情好像不是那么简单，因为劳工的情绪已经难以控制了。

甘地突然间想到自己的母亲，他母亲以前就经常绝食，诚心诚意祈求上苍停止下雨。

甘地也想如法炮制，他对朋友说：“对了，我用绝食来表示我的诚意，这样一来，劳工就会遵守他们的规律，不再那么激动，而顽固的工厂老板也会对这件事再重新考虑的。”

许多人对甘地说：“甘地，你这种方式我们不赞成，绝食并不能解决问题，反而显得我们太软弱了。”

甘地不理会别人的反对开始绝食。那些劳工知道甘地绝食的事后，都异口同声地请求说："甘地先生，我们重新发誓，我们要努力不懈，不到罢工获胜，绝对不会自乱脚步，请您停止绝食吧！"

罢工的劳工再度恢复有规律的生活，这种转变让甘地决心要继续绝食下去。

罢工的情况一直持续着，最后工厂老板也认清了情况的严重，他们知道这回罢工不像以前那样，只是闹一下而已。

就在甘地绝食的第三天，劳工和老板终于聚集在一起开会。他们互相已经取得谅解，并且老板也答应要提高工资。连续三周的大罢工，终于结束了，劳工高高兴兴地开始工作，几十个工厂的烟囱又开始冒出黑烟来了。

教印度人织布

印度人会如此贫穷，不仅是因为印度是英国的殖民地的原因，最重要的是，印度人不穿自己人织的布所做成的衣服。

即使印度人很少换洗衣服，但是几亿印度人，也会用掉大量的棉花。棉花是印度的主要农作物，甚至产量高居世界第一位，但是棉纺织布的工业，却一点也没有。

几乎所有的印度人，都把自己田里种出来的棉花，用很低廉的价格，卖给英国人。英国人用船把棉花送到英国的工厂加工成棉纱，再纺织成棉布以后，载回印度，以高价卖给印度人做衣服。

像这种情况，英国人已经剥削了印度人的劳力，难怪印度人无法脱离贫穷。

甘地知道这种情况的严重性，所以呼吁印度人民，要自己动手织布，不要再买英国人的棉布了。

甘地首先以身作则，他在自己开辟的农场内，准备了三台手织机，可惜没有人会操作，为此甘地费尽苦心，找来了会织布的妇人，请她来教大家。

这位妇人的表达能力很差，来学织布的人脑筋也很迟钝，因此学习效果很差，幸好甘地的外甥很聪明，学会了操作织布机，再教导其他的人，不久以后，农场内的人大都会使用手织机了。

接着，农场里的人把自己学到的手艺，教给其他的亲戚朋友，一个传一个，传授给所有贫穷的印度人。

会操作手织机固然值得高兴，可是他们却买不到便宜的棉线，棉线是英国人制好的，除非自己动手搓棉线。

甘地打算做几部捻线车，让农民自己学做捻线的工作，然而这些古老的手艺，早就被印度人遗忘了。

于是甘地在四处旅行的途中，不断地找捻线车，终于皇天不负苦心人，甘地在一个贫穷的村庄中，找到捻线车，而且几乎家家都有。

村子里的人说：“如果有人愿意买棉线，我们一定加倍努力工作，供应买主！”

甘地对于这个答复高兴极了！通过不少办法，印度人总算可以自己种棉花，自己抽棉线、捻线和织布了。

大家的努力，是不会白费的，在不断地改进之后，把握真理农场总算可以生产很好的棉布了。

最令人感动的，是甘地自己也在房间里面，安置一台捻线车，自己也动手操作。

捻线车传出的声音，令人觉得和平、温馨，也使所有的印度人有了新的开始。

全国集体休业一天

一九一八年春天，甘地由于太劳累而患了严重的赤痢，连他的妻子都以为甘地会离开人间。

甘地的病情传出以后，许多人都很担心，他们一致鼓励甘地说："甘地，您不能死，为了我们，为了印度，请您一定要坚强地站起来。"

听到这些感人的鼓励，甘地自己下定决心说："对！我要活下去，为了印度的同胞，我一定要活下去，继续领导把握真理运动。"

原本奄奄一息的甘地，有了这个求生的意志以后，病情渐有起色，第二年的春天，甘地已经恢复到可以站起来的程度了。

甘地很高兴，他的工作伙伴们也很高兴。

甘地的健康状况还没有完全恢复，就接到一项新的任务。这个新任务就是要把把握真理运动推行到全印度去。

因为一九一七年十二月，一个英国委员会答应在第一次世界大战以后，给印度最大的自治。但是到一九一九年的夏天，英国政府发布一项新法令，印度人才发现，所谓的“自治”，根本就是假的，反而还用新法令来压制印度的国民运动，并且严禁一切反政府的活动。

法令同时规定：警察可以在没有任何逮捕状的情况下，缉拿进行反政府活动的印度人，也可以不经审判，径自将他们送进监牢，这实在太蔑视人权。

许多印度国会的人都很气愤，异口同声地说：“甘地先生，我们除了扩大把握真理运动，实在没有其他的办法可以拯救印度了。”

在这期间，传来了新法案已经被议会同意的消息，表示这个新法案要在印度全面实施了。

这时，在印度南部马德拉斯政坛上很活跃的拉杰葛巴拉伽利，来找甘地商量对策。

甘地说：“我们一定要实施全国性的集体休业，所有的印度人都停止工作一天，商人把商店关起来，劳动工人不去工厂工作，学生不要去上学，大家集体休业，一方面是抗议，一方面为印度做祈祷。”

拉杰葛巴拉伽利非常赞成，立刻将这件事通知给全印度的各地领导人，他们都非常赞成这种做法。

因此，甘地他们共同写了一篇很简要，每个人都看得懂的宣言，并且将集体休业的日期定在四月六日。

这时距离四月六日已经没几天了。甘地以为这种休业运动，可能只有孟买、马德拉斯、比哈耳、新德里这些地方能够加入，没想到，才几天的宣传工夫，到四月六日那天，从印度的东边到西边以及北端到南端，几乎每一个角落，都一致实施集体休业。

由于休业的成功，使得甘地推行把握真理运动的信心大增，甘地决定要以孟买为中心，开始进行把握真理运动。

甘地决定用自己制盐和出售禁书这两件事，来推行把握真理运动。

在印度，盐和水同样重要。盐被印度政府列为专卖品，每一把盐都含有很高的税金，私自售盐或买盐都是犯法的。

可是，法律并没有规定自己制盐给自己吃也是犯法的。因此，甘地希望印度人自己制造盐，不再买政府公卖的盐。

至于出售禁书方面，甘地曾经写过两本书，一本是《印度的自治》，另一本是《沙尔波达亚》，这两本书都被列为禁书，不能贩卖。现在，甘地决定不管政府的禁令，就是要卖禁书。

甘地把两本书的售价都定得很便宜，可是有许许多多的印度人却拿出十倍、百倍的价钱来买这两本书。

甘地对于这样的反应非常惊讶。他告诉买书的人说："在印度买禁书，是一种违法的行为，可能会被处罚的，所以只有参加把握真理运动的人，才需要买。”

尽管有这样的说明，但是买禁书的人，仍旧有增无减。

甘地觉得在孟买推行把握真理运动，已经是一件非常容易的事，于是想到别的地方继续宣传。

当甘地乘坐的三等火车开到靠近德里的巴耳瓦尔时，有几位警官冲进车内，递给他一张纸条，并且说：“请立刻跟我们走！”

甘地冷静地回答说：“是这儿的人邀请我来的，对不起，我无法接受你的命令。”

不过，那些警官并没有同意，他们很不客气地把甘地带回孟买。

甘地被警官逮捕的事，早就传遍了孟买，所以孟买火车站前挤满了人，他们都等待着甘地回来。

这些警官知道孟买的情形，竟然不让甘地在孟买下车，他们提前一站下车，而且还把甘地带到皮兹尼广场。

警官们知道，如果让甘地在孟买下车，民众一定会打警官，以报甘地被捕的仇恨。甘地也不希望民众和警官起冲突，因为使用暴力以后，刚刚扎根的把握真理运动就功亏一篑了。

甘地到皮兹尼广场的时候，所有的群众都大喊：“甘地万岁！”“印度万岁！”

大家跟着甘地搭乘的汽车跑，这时另一条街上出现了一队骑马带枪的英国警官。

甘地想叫群众安静，可是热情的群众不停地向前拥，不停地高呼："甘地万岁！"

骑着马的警官，接到了一个命令，立刻拿起手中的长矛或刀枪，向这些无辜的百姓杀过来。

许多民众在一片慌乱之中，被警官用长矛刺死，或被马踢死，还有人被刀子砍死。血淋淋的场面，令人心碎，不忍目睹。

甘地看到这个悲惨的场面，觉得很遗憾。谁也没预料到，居然在印度的大街上，会发生这种暴力行为。

甘地以一个印度国民的身份，直接到印度的总督府抗议这一件事，可是英国官员却不承认过失，他们还一口咬定那些群众没有经过许可就集会，本来就是要被逮捕的。

甘地想了很多办法，并提出理由说明，还是得不到英国官员的认同。但孟买发生这样的事，实在太令人悲痛了！

还有一件事，和孟买发生的事几乎相同，就是有人传说把握真理协会的主要工作人员阿纳斯亚班夫人被捕了。当时很多劳动者信以为真，于是放弃手边的工作，跑到街上闹成一团，而且还杀死一名警官。

甘地跑到把握真理农场去处理这件事，许多当地的居民，正在害怕，不知道自己会受到什么处罚。

甘地去见总督府的代理官普拉特先生。普拉特立刻骂了甘地一顿。他大声斥骂："甘地先生，像这种无法解释的暴力事件，

就是你推动把握真理运动的结果吗？你该负起责任的。”

甘地经过了这两次的事件以后，要求在把握真理农场召开市民大会，然后向普拉特先生道歉。

甘地告诉来参加市民大会的人说：“我所推动的把握真理运动，是以不使用暴力和不服从对方的命令为信条，即使对方对我们使用暴力，例如拿刀枪对付我们，我们也不可以用暴力来对抗。非暴力比暴力更需要数十倍的勇气。”

甘地又说：“以非暴力来抵抗不当和不合理，才是把握真理运动的真理所在，因此，请大家了解它的意义，不管在想法上，或是行动上，都不要再使用暴力。”

大家都很专心地听甘地的说明。甘地又说：“我承认这次的过失，为了弥补我的过失，我决定对神请罪，所以我要绝食三天。各位如果觉得自己也有过错，也可以自行绝食一天！”

在集会结束以后，阿修拉姆来找甘地，希望甘地能暂时停止把握真理运动。甘地心想大家都尚未明了非暴力运动的真谛，再推行非暴力运动也是白费工夫，于是他告诉阿修拉姆说：“我认为在几千、几万人之中，假如有一个人以暴力来抵抗的话，那就不算是真正的把握真理运动了！”

所以，甘地决定要先停止把握真理运动，他希望通过宣传的方式，使印度人知道把握真理运动的真正意义，然后再慢慢推行。

就在甘地召开市民大会的同一天，甘地想去而没去成的阿木里查竟然发生了一件大事。

四月六日那天，阿木里查和印度其他各地一样集体休业，可是当地的总督代理官却立刻干涉，并且禁止所有的集会。

四月六日以后，戒严令并没有完全解除，市民们为了提出抗议，所以在一个星期后的四月十三日，就一起集合到公园，准备向政府抗议。

没想到总督代理官戴亚将军立刻下了一道命令："军队完全武装，立刻包围公园。"

于是大批的军队全副武装，把公园包围住了，并且在公园的入口处，安置了机关枪。

当群众聚集到公园的时候，军队毫不留情地用机关枪扫射，有许多民众根本不知道发生了什么事，还一直前进，结果都被机关枪射死了。据统计资料，被打死的约有四百多人，受伤的有一千二百人左右。

戴亚将军扫射印度人的事被传开以后，英国的舆论界分为两派。保守派认为戴亚将军是一位大英雄，应该得到奖金。可是另外的自由派，却指责戴亚将军的不对，要求英国国会立刻派人组成调查团，查明这件事。

甘地知道英国人之中，也有责备戴亚将军的，心中觉得很安慰，可是，组成调查团的人员之中，竟然没有一个印度人，这件事让甘地觉得很失望。

甘地立刻到旁遮普州政府申请，要加入调查委员会，经过好几个月，才得到核准，甘地立刻赶到阿木里查。

到了阿木里查车站，虽然没有欢迎的人潮，但是有人一见到甘地就大喊："甘地万岁！""甘地！甘地来了！"甘地在调查这件事的时候，受到当地民众的支持，他们都很愿意提供资料给甘地，甘地发现原来想解决印度的问题，还是直接进入政治圈比较快！

甘地决定正式参加在阿木里查召开的国大党会议。在会议中，他们提出了八个方案，希望印度人都能遵守。

一、把英国加冕的身份和称号还给英国。

二、不进法院，私下调解法律纠纷。

三、学生不进英国政府设立的学校，已经入学的，渐渐转回私立学校。

四、不参加政府举行的会议，不担任政府的官职。

五、绝不出席政府公开的招待会。

六、不去应召当政府兵。

七、不买外国商品，尤其是英国制的商品绝不购买，要爱用印度货。

八、不买政府债券。

这八条对抗英国的方案，不但容易懂，而且实际上也很可行，因此很快地被印度国民接受。

例如，在印度出生的世界诗人拉普德拉纳特·塔万耳就放弃了英国国王所赐封的“卿”的称号。

甘地也把在南非时期所得到的三个勋章，都归还给英国。

爱德华王子访问孟买

甘地在决心参加政治活动以后，就开始受到世界的瞩目。

一九二一年，英国的皇太子爱德华准备来印度访问。

代表英国政府的总督向甘地说："王子要到印度来访问，可能会召见你们，希望不要有失礼的事发生。"

甘地听了这句话，非常生气。他觉得英国政府实在太欺侮印度人了，所以甘地就向国大党建议，凡是为迎接王子的活动，一律加以破坏。

十一月十七日，爱德华太子抵达孟买，除了几位善于逢迎巴结的印度人以及英国政府派驻印度的官员去迎接以外，所有的印度人都不理会这件事。

印度人把商店关起来，大家躲在家中，足不出户，整个印度像死城一样。

王子对于这种待遇，非常愤怒，他到各地去访问，都受到最隆重的招待和最热烈的欢迎，到印度却受到这种待遇，所以要他的属下给他一个交代。

总督府的官员为了讨好爱德华王子，就命令警察说：“立刻逮捕国大党的领袖！”

尼赫鲁父子立刻被捕，另外还有几十个在国大党很活跃的人也被捕了。

英国警察想拘捕甘地，可惜找不到有力的证据。

对于这次给英国王子下马威的胜利，印度人非常得意，许多印度人都说：“除非等到祖国真正自治，否则无论遭到任何变故，我们都绝不会退缩。”

经过讨论以后，他们决定再次展开把握真理运动，并且推举甘地为最高领导者。

这段期间，甘地领导的把握真理运动像野火燃烧一样迅速蔓延到整个印度的各个角落，有的地方不再纳税，有的地方则以不同的方式从事反英运动。

如果照这种状况的发展，应该是很顺利的，偏偏在不久之后，有一个村庄的印度人，竟然杀了几名警官，并且放火烧毁了警察的办公厅。

甘地知道这个消息之后，立刻召开国大党会议，并且以极端悲痛的心情说：“因为有部分人员已经使用暴力，所以我命令这次的把握真理运动立刻停止。”

全印度人听到这个命令，几乎像触电一样愣住了，因为从任何角度来看，这次的运动出奇的成功，只差几步路，就可能打败英国了，可是甘地却在这个时候，下令停止所有的运动。

在狱中的尼赫鲁父子俩，对于甘地下令停止把握真理运动的事很不谅解，他们甚至还写信来责备甘地。

但是在英国方面，就因为甘地下令的事，使得整个紧张的气氛缓和下来，英国驻印度的一些官员才得以保住职位和性命。

可是，这些英国官员根本不懂得知恩图报，他们不但不言谢，反而趁机将甘地逮捕入狱。

甘地被判了六年的徒刑。这是甘地回印度后，第一次被判这么重的罪。

自己动手制盐

甘地在监狱中，并没有让自己闲下来，他请求典狱长让他把捻线车带进监狱，一面捻线，一面思考着过狱中的生活。

两年以后，甘地获得释放，原因是甘地患了急性盲肠炎。那是一九二四年一月的事，甘地虽然动过手术，可是手术后复原的情况并不乐观，英国人担心甘地会病死在狱中，如此一来可能引来一场大暴动，所以赶快把甘地释放了。

甘地出狱以后，在妻子及家人的陪伴下，到孟买的避暑胜地莱弗海岸休养。

可是国大党的领袖又来找他了。

这些人请求甘地说："甘地先生，请告诉我们，以后要如何进行把握真理运动？"

甘地说："要赢得印度的独立，必须从根本做起，首先要让大家团结在一起，培养忍耐的良好性格，绝不能利用暴力解决问题。”

甘地的愿望是印度能完全独立，而不是英国给某一个程度的承认独立而已。

所以在大家的期盼之下，甘地又出面领导把握真理运动了。

这次的全国性把握真理运动的主题是盐，这是大家都没料想到的。

甘地先生向亚温总督申请废止征收盐税，但是亚温总督根本置之不理。

于是甘地对亚温总督说：“请立刻废止盐税吧！否则我们将采取不合作的方法了。”

英国政府在印度实施盐的专卖制，把盐定了很高的税。

盐是人生活当中不可缺少的物品，尤其印度终年酷热，汗流得多，如果没有大量的盐，实在很难生存下去，偏偏英国人就以很高的盐税，来掌握印度人的生活。

既然亚温总督毫无反应，甘地就说：“看来，你好像没有废止盐税的意思，那么从现在开始，我们决心不买高税的英国盐，但是我们也不能因为没有盐而让自己死去，所以我们要自己制盐。”

终于，甘地采取行动了，他带着许多印度人，从阿弗玛巴德出发，到孟买州的丹地海岸，准备要自己制盐了。

甘地已经六十岁了，根据计划，从阿弗玛巴德到丹地海岸，要走上二十四天，这种长距离跋涉实在不适合老人，可是甘地却拄着一根竹制的拐杖，精神抖擞地走在队伍的最前面。

不到一天的时间，这个消息已经传遍了整个印度，无论在哪个城市，无论在哪个村落，都听到有人喊：“我们不要买英国盐，我们要自己动手制盐，我们要跟着甘地，向甘地先生看齐！”

结果，不仅没有人买英国制的盐，外带的连英国制的东西，印度人都一概拒绝，要买东西，一定是买印度人自己出产的产品。

英国的厂商和生意人，看到自己国家的产品，运到殖民地去以后，没有人购买，感到非常恼火，因此在五月五日那天，英国政府方面，再度下令逮捕甘地入狱。

甘地又进了监狱，这次和外界完全失去联络，许多甘地关心的事也就无从知道了。

英国政府逮捕甘地的这项举动，在印度人的心中，无异于火上浇油。于是，工厂的劳工开始罢工，码头的卸货工人也开始停工，一般的市民也以停止缴纳税金来响应反英运动。

因为各地群起响应反英的运动，所以从英国运到印度的棉制品和其他的东西，也都被迫放在船舱和仓库里，蒙上了厚厚的灰尘。

世界各国的报纸，也都大篇幅地报道英国政府逮捕甘地的新闻。无论从哪一方面来说，大家都认为甘地被捕是不合理的。

英国政府受不了各方的压力，只好在一九三一年一月释放甘地，连以前被捕的尼赫鲁父子也被释放了。

虽然甘地他们都已经被释放了，但是世界各国的舆论，并不因此就轻易地放过抨击英国的机会。

因此，英国政府只好再作一次声明：“对于印度的自治问题，我们将会召开圆桌会议，而且我们也会从印度人当中，选出一些代表送往伦敦参加开会。”

不错！英国政府的确选出了代表，可是他们只挑选有钱的印度人、回教徒，还有从保守派的印度教徒中选出了代表，可是对于主张印度自治最有热忱的国大党，却只允许他们选派一人参加。

从这点就可以看出英国人只是做个样子，蒙骗世人的眼睛而已。

国大党的代表当然是甘地啦！

甘地要到英国伦敦去参加圆桌会议，为了能有新鲜的羊奶喝，他还随身带了一头羊到伦敦。从会议开始到结束，甘地都以诚恳的态度发表谈话。

甘地说：“希望大家能承认印度独立，那不只是印度人民的福分，以长远的眼光来看，对英国也是一件好事。”

但是，其他想巴结英国政府趁机赚钱的印度人，根本不希望印度独立，他们甚至发表和甘地相反的言论，使得圆桌会议根本没有结果。

甘地从英国伦敦一回到孟买，就听到一件更令人吃惊的消息，

那就是刚上任的印度英国总督威灵顿，比以前任何一个总督更过分，威灵顿压制印度人，根本没把印度的国大党放在眼里，反而还将领导者逮捕入狱。

小尼赫鲁想要到孟买迎接甘地回国，就在前往孟买的途中，也被英国逮捕了。甘地的妻子和支持甘地的诗人纳兹夫人、尼赫鲁夫人等，都被英国政府逮捕。因此，甘地也让自己被逮捕。

到这时候，甘地他们才知道英国政府是以圆桌会议为饵，引出国大党的领导者，然后才将他们一网打尽。

这实在是甘地料想不到的事。

尽管受了那么大的打击，甘地并不感到灰心，反而充满了斗志，虽然他被关在监狱里，还是无时无刻地反抗英国。

这时候，英国政府又要推行新的选举法，把印度人分成好几个阶层，其中最低贱的一群是不能参加投票选举的。

甘地一向主张："所有的印度人，在神明之下，一律平等。"

所以甘地一听到这个消息，就大表不满，他握紧拳头，很气愤地说："我坚持反对这种不公平的选举法！"

他的朋友对他说："你反对有什么用呢？你现在被关在监狱里面，你还能做些什么事呢？"

甘地说："你说得没错，我是没办法出去带领其他同胞反对这不公平的选举法，可是，我可以死，我可以用绝食来抗议。"

甘地说完，就写了一封信给英国首相。甘地表示，除非立刻废止新的选举法，否则要立刻绝食抗议。

甘地把信寄出去以后，立刻开始绝食。

甘地绝食的消息，从监狱里面传出来，全印度的国民、总督府，以及英国政府都快大乱了。

印度的国民尤其担心，他们担心甘地衰弱的身体，禁不起绝食的折磨。

大家都认为，无论如何，要请求甘地停止绝食。

印度总督府和英国政府也认为，甘地若是因为绝食而死去的话，印度将会发生重大的变乱，因此他们也同样要求甘地放弃绝食。

但是，甘地无论如何都不肯接受，眼看着甘地一天一天地消瘦下去了。

印度全国的反英思潮和行动，却愈来愈热烈，英国人知道，如果再这样继续下去，最后还是英国受到损失。因此，英国政府很快修改选举法，拿给甘地看。

修改过的选举法，就是承认每一个印度人都有选举权，甘地看过以后，很平静地说："只要英国政府正式承认这个选举法，我就停止绝食。"

英国首相听到了部属的报告，立刻承认这个因为甘地而修改的选举法。

手无寸铁的甘地，终于因为在狱中绝食，而使得大英帝国投降，使印度得到一次绝对的胜利。

甘地在狱中服刑的日期到了，他被释放出来，又开始了新的奋斗。

回教徒和印度教徒的分裂

甘地被释放以后，对国大党的朋友说："我有很多事情需要考虑，以后的政治活动，完全委托给国大党！"

有人听到了这些话以后，偷偷地说："甘地现在年纪大了，胆子也变小了！"

其实，甘地并不是因为年纪大而对工作有任何的退缩，也不是失去奋斗的勇气，而是决心要把政治运动交给年青的一代去接棒，自己则要投入另一项重大的工作——他要奉献他的一生，做好印度独立的工作。

使印度独立的一项最基本的工作，就是要从印度社会中废止阶级制度以及长期以来反目成仇的印度教徒和回教徒，必须在"印度"的名分之下，重新融洽谈和。

一九三五年，英国政府公布了新的印度统治法。一九三六年，新宪法也制定完成了。隔年，在印度各州举行了第一次州议会的选举，甘地几乎已经完全退下政治舞台了，但是他仍然为印度的独立而四处奔波努力。

一九三九年九月一日，因德国的希特勒率领纳粹军队侵入波兰，爆发了第二次世界大战。

九月三日，英国也对德国宣战，到了第十一天（九月十四日），印度的总督声明说："英国和德国作战，所有的印度人都必须帮助英国对抗德国，参加作战！"

像这种事情，英国政府应该先和印度方面商量之后再做决定才对，可是英国政府却强迫印度要跟着作战。

甘地虽然早在三四年前就宣布退出政治圈，可是现在却不断地收到各地寄来的电报，他们问甘地："到底该怎么办？"

大家都想知道甘地的答案，因为照以前在南非时期的例子，甘地都主张帮助英国人作战，而现在的局面呢？在英国人那么欺侮印度人的情况下，难道甘地还想依照以前的想法，再帮英国人吗？

甘地终于表达了他的看法，甘地说："英国虽然屡次迫害我们印度人，但是对于这次大战，我们仍然应该尽量帮助英国，即使不想帮忙，至少也不能增加他们的麻烦，这才是真正的民族主义。"

甘地对英国的一番好意，根本没有被英国人接受，因为英国已经下令强迫印度召集义勇兵和征募兵，而且大量的在印度的工厂制造武器，要印度人纳税、乐捐，以增加英国军队的实力。

更令人生气的是，英国居然停止了各州印度人的所有集会，好像印度必须完全接受英国人的支配一样。

换句话说，印度又回到以前完全被统治的状况下，新的宪法已变得毫无意义了。

甘地眼睁睁地看着英国不守信用的恶劣行为，立刻收回不再参加政治运动的话，所以在一九四〇年四月，甘地又出席了在孟买郊外召开的国大党委员大会。

甘地极力倡导以非暴力来抵抗英国，一九四一年，日本发动太平洋战争，甘地借着这个机会，向全世界说明：

“日本、纳粹德国以及意大利，已经联合阵线作战。因此，世界民族主义的国家，比过去面临更多的危险，我们印度人，必须从帝国主义的魔掌中脱离，我们为保卫印度而作战！虽然我们想保护世界的民族主义，但是由于英国在我们的头上压着，所以也无法真正发挥我们的力量。”

一九四二年八月八日，甘地又在孟买召开的国大党委员会议中，发表下面的演说。甘地说：“我们一直忍受着祖国被英国折磨的苦难，到今天，我们已经忍无可忍了，英国人离开印度的时刻已经到了，我们希望所有的英国官员和所有的英国人，全部离开我们的国土。”

尽管印度人已经提出这样的要求，可是英国人全都无动于衷，他们对于甘地和国大党的存在，根本没放在眼里。

甘地和其他国大党的委员，在议会还没结束，就被英国政府派警察逮捕了。

甘地又被判刑十八个月，被关在一处回教徒的宫殿里，偶尔还可以散散步，但是无论多豪华的宫殿，监狱就是监狱，对甘地而言，能面对自己的同胞，才是他所希望的。

一九四四年二月二十二日，甘地的妻子生了一场病去世了。

七十五岁的甘地，忍住了悲伤，对着老天说：“老天爷，你要我怎么办呀！”

甘地和妻子两人共同生活了六十几年，现在妻子永远离开他了，等于失去了心中有力的支柱。

甘地完全没有食欲，他患了严重的贫血，身体渐渐地衰弱不堪了。

甘地在监狱里，健康状况愈来愈差，眼看着这种情况，英国政府只好释放了甘地。

第二次世界大战已经接近尾声了，亚洲的日本、欧洲的德国，都节节败退，盟军和美国、中国，眼看着就要取得最后的胜利。

甘地在心中想着：“战争不久就要结束了，迫害印度自由的英国人，他们的力量一定会衰退的。”

甘地和其他的国大党同志们，积极地讨论制订“新印度人民政府”的新计划。

隔年，也就是一九四五年五月四日，德国终于宣布投降，到了八月十五日，日本也投降了，第二次世界大战终于结束了。

这时候的英国，议会的内阁已经换成以工党为中心的内阁，由于工党是劳工者的组织，一样是劳工，他们对印度的劳工就特别的同情，看来，印度要自由独立的事，已经快达成了。

但是有一件事，始终困扰着甘地，那就是印度教徒和回教徒的对立。

甘地不断地呼吁印度人说："无论你信奉哪一种宗教，印度人就是印度人，大家都应该团结起来互相帮助，使我们成为一个新的印度国家。"

但是信奉穆罕默德的回教徒却说："我们只相信穆罕默德的教诲，若要我们和印度教徒一起生活，那是绝对不可能的事！不但如此，我们还想自己组成一个以回教徒为中心的巴基斯坦国家。"

甘地耗尽了他的一生，希望有朝一日印度能够独立，眼看着这件事就要完成了，而印度教徒和回教徒的对立，却愈来愈厉害，简直到了快不能收拾的地步。

甘地和国大党以及印度主要的领导人物，不断地和英国政府交涉的结果，终于决定将一九四七年的八月十五日定为印度独立日。

就在独立日快来临的时候，印度教徒和回教徒两派不同信仰的印度人，不断地在印度各地发生冲突，每天都有杀人、放火、破坏对方公物的事件发生。

如果有一个回教徒被杀了，接着能有十个、百个印度教徒要赔上性命。

相反的，如果有一个印度教徒被杀了，就会有十个、百个回教徒要被杀，他们都以暴力、血腥来对付不同宗教的人。

根据统计，到一九四七年年初，为了这件事，约有一万两千多个印度人因为意外而死亡。

甘地悲痛地说："同样都是印度人，只为了信仰差异而互相残杀，我真是不了解，印度教的神和回教的神，有什么不一样？他们同样是神，都希望人们能够幸福、和平才对。"

甘地发誓说："既然印度要独立了，我要从政治圈里退出，政治圈的事，可以不要我帮忙，可是我必须用我的余生，来为印度教徒和回教徒的统一而努力。"

甘地为了排解这种因为信仰不同而产生的纠纷，特别从东孟加拉州的诺亚卡利地区开始旅行。

甘地到每个信奉回教的家庭去，请每个回教徒的印度人，要和印度教徒和谐相处，要像和兄弟一般的互相友爱。

可是这些回教徒都只崇拜穆罕默德，他们把印度教徒都当成敌人，所以他们咒骂甘地说："甘地！你赶快走吧！你干吗还在这儿徘徊？"

回教徒们你一句我一句地咒骂甘地，在他经过的路上抛掷玻璃片和污秽的东西，甚至有人想杀他。

到了一九四七年的夏天，快要接近印度独立的日子，甘地接受了已经身为临时政府首相的尼赫鲁的访问。

尼赫鲁面对着衰老的甘地说："甘地爷爷，我知道如果把整个印度分裂为印度和巴基斯坦两个国家，这是非常可悲的。但是，我们考虑了很久，觉得还是要照他们提出的方法去做，要不然不知道还要死掉几十万的人呢！"

甘地听了，黯然低头，轻声地说："看来只好照这样做，考虑承认建立巴基斯坦了。"

印度独立了

到了八月十五日，印度终于脱离了英国的长期统治，宣告独立了。

同一个时期，回教徒也以巴基斯坦共和国的名义宣布独立，于是印度就分为两个国家。

本来大家都以为只要回教徒已经达成独立的愿望，就不会再发生暴动了，但是这个期待落空了，因为印度教徒和回教徒始终互相争执，尤其是回教徒仇视甘地的状况，比以前更严重。

甘地已经七十八岁了，仍然四处奔波旅行，而且还绝食想要使回教徒感动。可是回教徒一点也不检讨反省，反而向甘地扔土制炸弹，并且大声地骂着："去死吧！甘地！"

情况愈来愈严重了，仇视甘地的人不仅是回教徒而已，连印度教徒也对甘地不满，因为他们认为甘地默许巴基斯坦独立，严重影响了原先印度的声望，所以也要找机会暗杀甘地。

一九四八年一月二十日，甘地在新德里的一位朋友家中做黄昏的祷告，突然围墙外面发生了爆炸事件，不晓得是谁要暗杀甘地。

甘地听见爆炸声，一点也不害怕，并且还面带笑容地说："没关系，不要因为这样而增加守卫的人数，否则更会引起别人的反感，会让他们更不满的！"

到了一月三十日的下午四点，甘地吃过晚餐，并且和新印度政府的副首相谈话。本来每天下午五点，甘地都有祷告的习惯，但是那天却因为谈话而耽误了原来的时间，晚一点到祷告的地方。

甘地由两位侄女扶着，到庭院中来，庭院里已经有五百多人聚在那儿，他们一见到甘地，就大声欢呼："甘地来了！"

他们随即让开一条路，让甘地走到庭院角落的木坛上，那是甘地祷告的地方。

这时候，有个印度教右派的青年，悄悄地跑到甘地的面前来，假装要跪下来的样子，当他距离甘地大约只有半公尺的地方——

"砰！砰！砰！"

三声连续的枪声，使得全部在场的人都吓呆了。甘地倒了下来，只说了一句话："神呀！"

甘地永远安息了。

甘地一生追求真理和致力于印度的独立，直到生命的最后一刻，依然执着于和平，他不仅影响了印度人，也影响了全世界爱好自由与和平的人。

甘地年谱

公元纪年	年 龄	记 事
一八六九	一岁	十月二日，出生于印度西岸波耳班达。父亲卡兰成德是波耳班达王国首相。
一八七六	七岁	父亲改任拉其可得王国首相，举家迁居拉其可得，甘地进入当地小学就读。
一八八一	十二岁	进入中学。
一八八二	十三岁	与佳丝度芭结婚。
一八八八	十九岁	长男出生。九月赴英攻读法律。
一八九一	二十二岁	六月，考取律师资格。回到祖国印度。
一八九三	二十四岁	五月，抵达南非，并领导受白人压迫的印度人从事“撒地亚·哥拉哈运动”。
一八九四	二十五岁	反对限制印度人的选举权。组织纳塔耳印侨大会。
一八九六	二十七岁	回印度接家眷。在印度各地发表有关南非印度人问题的演说。

公元纪年	年 龄	记 事
一八九九	三十岁	波耳战争爆发，组织印度人救护队助英。
一九〇一	三十二岁	返回印度。首次出席印度国民大会。
一九〇四	三十五岁	经营菲尼克斯农场。发行《印度民意》周刊。
一九〇六	三十七岁	率领救护队协助英国弭平祖鲁族之乱。因反对“新亚洲法”而召开会议。
一九〇七	三十八岁	发动有组织的把握真理运动，数度被捕入狱。
一九一〇	四十一岁	经营托尔斯泰农场。
一九一三	四十四岁	因婚姻法问题而展开大规模的把握真理运动。与夫人佳丝度芭同被逮捕。
一九一五	四十六岁	返回印度，经营“把握真理农场”。
一九一六	四十七岁	在印度各地旅行。
一九一七	四十八岁	指导契巴朗地区的佃农发动抗议行动。
一九一八	四十九岁	领导罢工，并以绝食抗议。正要招募印度兵时，身罹重病，一度濒临危境。
一九一九	五十岁	因反对罗拉特法而抵制英国产品，鼓励印度农民自己纺纱织布。
一九二〇	五十一岁	发表“不合作”宣言，把英国所颁赠的勋章退回。
一九二一	五十二岁	英国王子访问印度，发动全面罢工、休业，作为无言的抗议。
一九二二	五十三岁	因村民发生暴动，宣布停止把握真理运动。被捕入狱判刑六年。
一九二四	五十五岁	在狱中因病获释。参加国民会议派大会。

公元纪年	年 龄	记 事
一九二八	五十九岁	加尔各答召开的国民会议派大会上，决议“以一年的时间，逐步要求印度完全独立”。
一九二九	六十岁	要求“完全独立”，并决定一月二十六日为独立纪念日。
一九三〇	六十一岁	发动第二次反英运动，呼吁拒购官卖食盐，为了制盐而长途跋涉。被捕入狱。
一九三二	六十三岁	无故被捕。在狱中因反对不公平选举法而绝食。
一九三四	六十五岁	声明退出国民会议派。
一九四二	七十三岁	议决英国撤离印度的问题，因主张以各种手段保卫印度而被捕。
一九四三	七十四岁	为要求无条件释放而绝食。
一九四四	七十五岁	夫人佳丝度芭去世。
一九四五	七十六岁	旅途中遇到两次爆炸事件。
一九四六	七十七岁	为了调停印度教徒与回教徒之间的纠纷，而到各地旅行，进行说服工作。
一九四七	七十八岁	继续在各地旅行，未能参加八月十五日的印度独立大典，一心只为化解印、回两教的仇恨而努力。
一九四八	七十九岁	一月三十日，遭受暗杀，当场死亡。

图书在版编目（CIP）数据

甘地 / 朱秀芳编写.—西安：陕西人民出版社，
2013
（世界伟人传记）
ISBN 978-7-224-10876-7

Ⅰ.①甘…　Ⅱ.①朱…　Ⅲ.①甘地，M.
K.（1869～1948）—传记—青年读物②甘地，
M.K.（1869～1948）—传记—少年读物　Ⅳ.
①K833.517=5

中国版本图书馆CIP数据核字（2013）第243245号

世界伟人传记·甘地

编　写：朱秀芳

出版发行：陕西出版传媒集团　陕西人民出版社
地　址：西安北大街147号　邮编：710003
印　刷：西安市建明工贸有限责任公司
开　本：880mmx1230mm　32开　6.75印张
字　数：122千字
版　次：2014年2月第1版　2014年2月第1次印刷
书　号：ISBN 978-7-224-10876-7
定　价：18.00元